Für die englische Ausgabe:
Lektorat Lisa Gillespie, Ashwin Khurana, Ann Baggaley,
Andrew Macintyre, Liz Wheeler, Jonathan Metcalf
Gestaltung und Bildredaktion Karen Self, Owen Peyton Jones,
Laura Gardner, Phil Ormerod, Nicola Erdpresser, Sean Ross,
Myriam Megharbi
Herstellung Gillian Reid, Mary Slater
Fotos Dave King
Autor und Beratung Jack Challoner

Für die deutsche Ausgabe:
Programmleitung Monika Schlitzer
Redaktionsleitung Martina Glöde
Projektbetreuung Sebastian Twardokus
Herstellungsleitung Dorothee Whittaker
Herstellungskoordination Arnika Marx
Herstellung und Covergestaltung Sabine Hüttenkofer

Titel der englischen Originalausgabe:
Home Lab

Übersetzung Birgit Reit
Lektorat Brigitte Rüßmann, Wolfgang Beuchelt (Scriptorium – Köln)

ISBN 978-3-8310-3207-5

Druck und Bindung RR Donnelley Asia Printing Solutions Limited, China

Besuchen Sie uns im Internet
www.dorlingKindersley.de

Hinweis
Die Informationen und Ratschläge in diesem Buch sind von den Autoren und vom Verlag
sorgfältig erwogen und geprüft, dennoch kann eine Garantie nicht übernommen werden.
Eine Haftung der Autoren bzw. des Verlags und seiner Beauftragten für Personen-,
Sach- und Vermögensschäden ist ausgeschlossen.

ROBERT WINSTON

DAS SUPER
LABOR

Die besten Experimente für zu Hause

DK

INHALT

6 Vorwort

8 GEHIRNNAHRUNG

10 Klebriger Schleim

14 Unsichtbare Tinte

18 Gebackenes Eis

24 Monster-Marshmallows

28 Kristall-Lutscher

34 Zitronenbatterie

38 IM HAUSHALT

40 DNA-Modell

44 Papierflieger

52 Sensationeller Lautsprecher

56 Planeten aus Gummiband

62 Funkelndes Kaleidoskop

66 Ballon-Raketenauto

74 Starke Brücke

80 Tanzende Schlange

86 Atmende Maschine

92 WASSERWELTEN

94 Dichteturm

98 Wasserrad

104 Boot mit Seifenantrieb

108 Flinker Filter

114 Wachsender Tropfstein

118 Sprudelnde Badeperlen

124 Kugeln aus Eis

128 IN FREIER NATUR

130 Flaschendschungel

134 Fantastische Fossilien

138 Pflanze aus der Schachtel

144 Sonnendrucke

148 Vulkanausbruch

154 Windrad

158 Glossar

160 Register

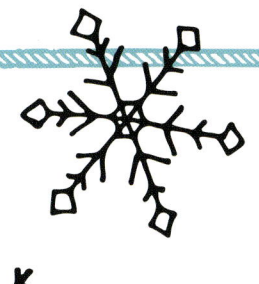
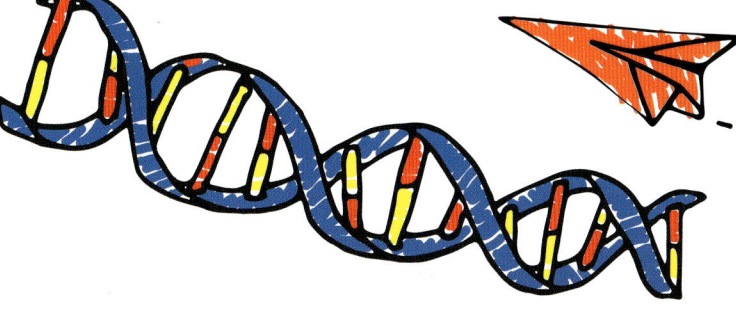

VORWORT

Ich werde oft gefragt, warum ich Wissenschaftler werden wollte. Die Naturwissenschaften begeisterten mich schon im Alter von sieben oder acht Jahren und am interessantesten fand ich die praktischen Experimente. Ich erinnere mich genau, wie aufgeregt ich war, als ich mit unsichtbarer Tinte meine erste Geheimbotschaft schrieb. Dass die Wörter wieder sichtbar werden, wenn man das Papier erwärmt, erscheint mir heute noch faszinierend.

Die Herstellung unsichtbarer Tinte ist nur eines von 28 erstaunlichen Experimenten in diesem Buch. Wir basteln auch Papierflieger und finden heraus, warum sie nicht einfach zu Boden fallen, obwohl sie schwerer sind als Luft. Als Kind wollte ich immer sehen, ob sie noch weiter fliegen, wenn ich die Flügel anders falte. Das kannst du nun selbst testen. Du kannst sogar überlegen, wie du es schaffst, dass dein Flieger einen Looping dreht!

Alle Experimente in diesem Buch machen großen Spaß, aber die Sicherheit ist auch sehr wichtig. Du lernst hier keine gefährlichen Dinge, aber bei manchen Schritten sollte dir ein Erwachsener helfen. Für „Gebackenes Eis" brauchst du z. B. einen Backofen und für die Lutscher aus Zuckerkristallen musst du Wasser erhitzen. Dein Arbeitsplatz sollte immer sauber sein. Vergiss nicht, dir vor und nach dem Experiment immer die Hände zu waschen, vor allem, wenn du mit Lebensmitteln umgehst.

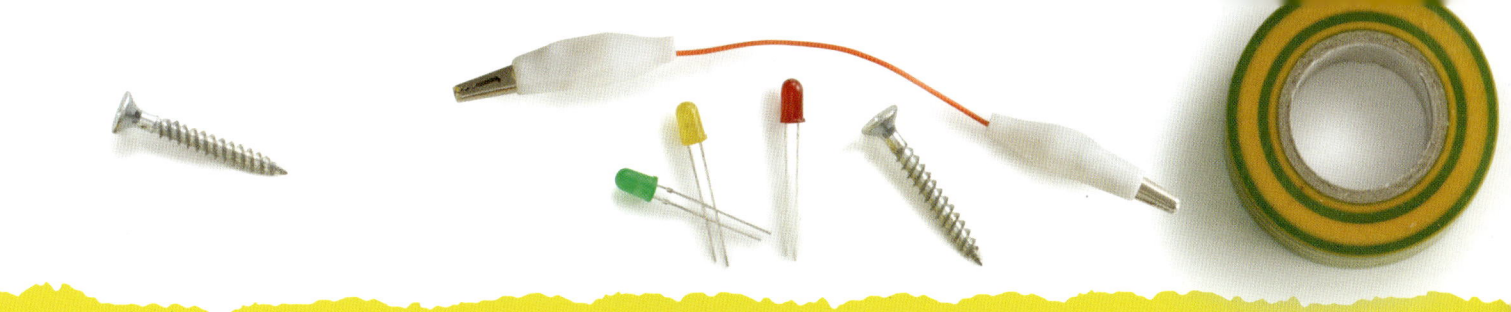

Ohne zu experimentieren kann man nichts Neues herausfinden. Daher überrascht es dich vielleicht, dass die Forscher vor rund 2000 Jahren ihre Theorien nur diskutierten und nicht auf die Probe stellten. Erst seit rund 400 Jahren werden auch Experimente durchgeführt. Den Anfang machte der fortschrittliche Astronom Galileo Galilei. Er beobachtete den Jupiter durch ein Teleskop, zählte dessen Monde und zeichnete ihre Bewegungen auf.

Wenn du nun also einige Projekte in diesem Buch ausprobierst, lernst du nicht nur deine Umwelt besser kennen, sondern lässt dich auch auf das Abenteuer Naturwissenschaft ein – wie Galileo und ich! Wandle sie ruhig ein wenig ab, denn nur so entstehen Fortschritte. Und betrachte Rückschläge nie als Fehler, sondern als Chance, ein Experiment noch einmal neu und anders zu versuchen.

Ich hoffe sehr, dass dir das Buch viel Spaß machen wird. Denk daran: Du probierst hier genau die Dinge aus, die mich selbst so begeisterten, dass ich ein Naturwissenschaftler wurde.

Rosen Winston.

ROBERT WINSTON

GEHIRN-NAHRUNG

In der Küche kannst du viel über Naturwissenschaften lernen. Die Versuche in diesem Kapitel drehen sich um Lebensmittel, die du vielleicht sogar zu Hause im Kühlschrank oder in der Obstschale findest. Du erfährst, wie du aus Zucker funkelnde Kristalle züchten kannst und wie Lebensmittel im heißen Backofen eiskalt bleiben. Außerdem wirst du mit Zitronen Elektrizität erzeugen. Manchmal entstehen essbare Leckereien für dich und deine Freunde. Alle der aufregenden Projekte bieten auf jeden Fall neue Nahrung für dein Gehirn!

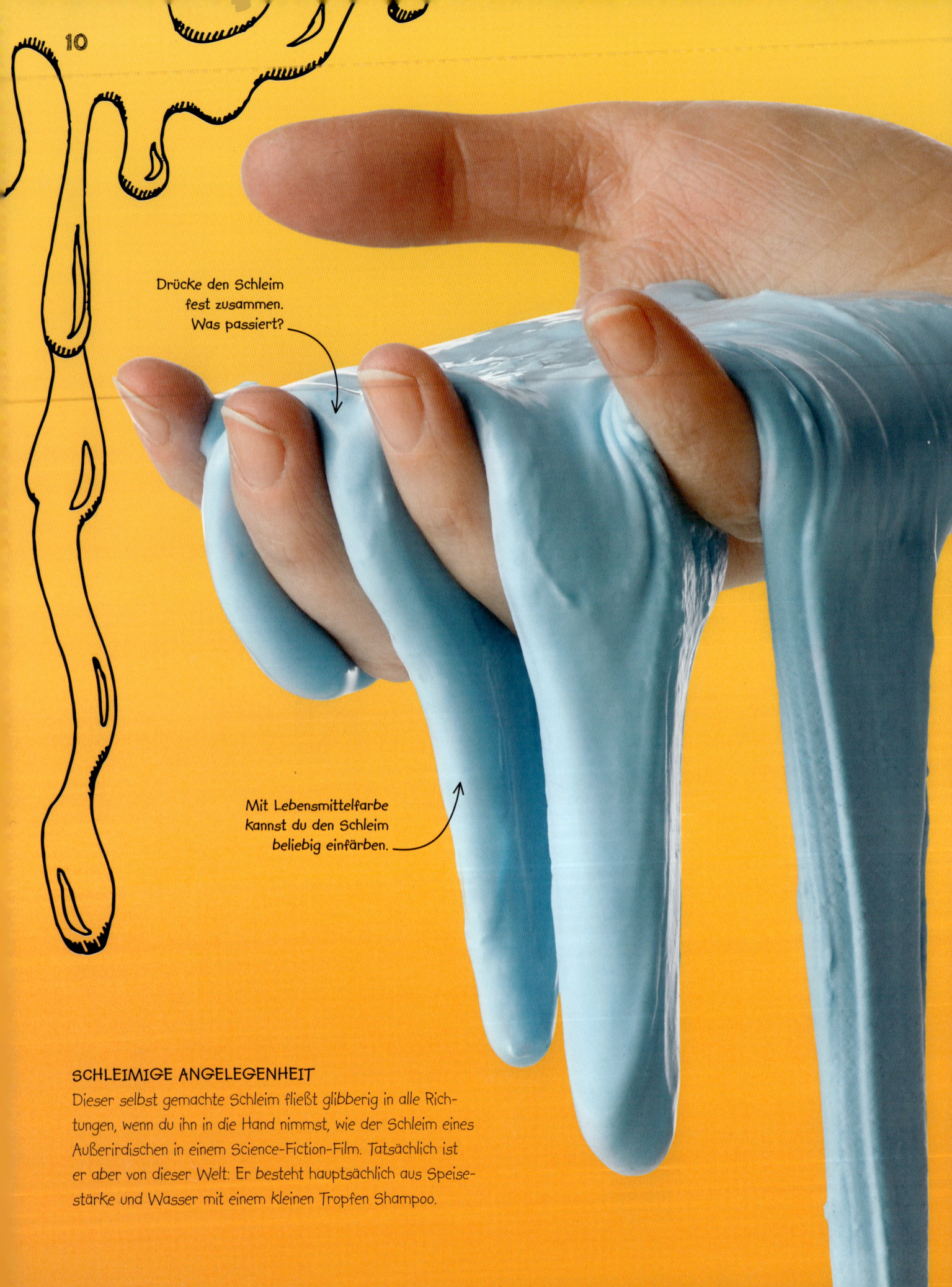

Drücke den Schleim
fest zusammen.
Was passiert?

Mit Lebensmittelfarbe
kannst du den Schleim
beliebig einfärben.

SCHLEIMIGE ANGELEGENHEIT

Dieser selbst gemachte Schleim fließt glibberig in alle Richtungen, wenn du ihn in die Hand nimmst, wie der Schleim eines
Außerirdischen in einem Science-Fiction-Film. Tatsächlich ist
er aber von dieser Welt: Er besteht hauptsächlich aus Speisestärke und Wasser mit einem kleinen Tropfen Shampoo.

KLEBRIGER SCHLEIM

Dieser klebrige Schleim ist ganz leicht herzustellen. Er besitzt sehr ungewöhnliche Eigenschaften. Wenn du ihn in der Hand hältst, kannst du wahrscheinlich nicht genau sagen, ob er fest oder flüssig ist. Kein Wunder, denn dieser Schleim fließt wie eine Flüssigkeit durch die Finger, aber wenn du ihn drückst, wird er plötzlich fest. Diese Art von zähem Schleim gilt jedenfalls als Flüssigkeit, auch wenn er sich wie ein Festkörper verhält. Sieh zu, dass du beim Experimentieren nicht zu viel Schmutz machst!

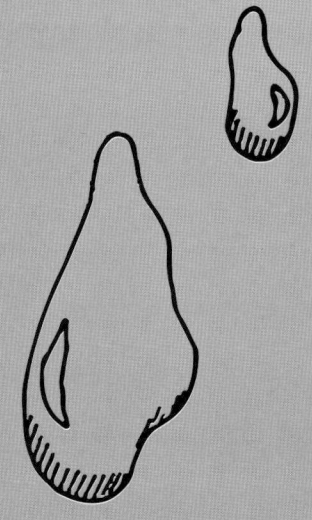

SO MACHST DU
KLEBRIGEN SCHLEIM

Da dieses Experiment oft viel Schmutz mit sich bringt, solltest du die Arbeitsfläche mit fettdichtem Papier abdecken. Die Mischung ist zwar ungiftig, aber du solltest den Schleim trotzdem nicht in den Mund nehmen. Wenn der Schleim sehr klebrig sein soll, ist warmes Wasser ideal. Es darf aber nicht kochend heiß sein, damit du dich nicht verbrühst. Nachdem du mit dem Schleim gespielt hast, musst du dir die Hände waschen, damit du die Möbel nicht verschmutzt.

Dauer
20 Minuten

Schwierigkeitsgrad
Mittel

DU BRAUCHST:

Backpapier

Luftdichten Behälter

Lebensmittelfarbe

Klebeband

Esslöffel

Pfannenwender

120 ml Shampoo

Warmes Wasser

Große Rührschüssel

500 g Speisestärke

1 Lege die Arbeitsfläche mit Backpapier aus. Schütte eine großzügige Portion Lebensmittelfarbe in die Schüssel und gib das Shampoo dazu. Beobachte, wie langsam das Shampoo fließt. Der Fachausdruck für diese Zähflüssigkeit ist „Viskosität".

2 Gib nun die Speisestärke in die Schüssel und verrühre die Mischung mit dem Pfannenwender. Das ist anfangs schwierig, weil viel Stärke und wenig Flüssigkeit vorhanden sind. Aber keine Sorge: Bald kommt mehr Flüssigkeit hinzu.

3 Schütte einige Esslöffel warmes Wasser in die Schüssel und rühre weiter, damit es sich mit der Speisestärke vermischt. Durch das Wasser dehnt sich die Stärke aus und bildet ein Netz, das das Wasser und die Speisestärke zu einer schleimigen Mischung verbindet.

4 Die Mischung verwandelt sich langsam in eine klebrige Masse. Diese kannst du nun mit der Hand kneten, bis sie richtig schleimig ist. Wenn du den Schleim jedoch schlägst oder drückst, steigt seine Viskosität sehr stark und er wird hart wie ein fester Körper.

5 Jetzt kannst du damit machen, was du willst. Drücke und schlage ihn oder wirf den Schleim auf den Tisch, sodass er fest wird. Sobald du aufhörst, wird er wieder flüssig. Zur Aufbewahrung kannst du ihn in einen luftdichten Behälter schütten. So trocknet er nicht aus und bleibt etwa einen Monat lang haltbar.

SO FUNKTIONIERT'S

Die kleinste Einheit in einer Verbindung ist ein Molekül. Die Viskosität des Schleims ergibt sich aus der Reaktion der Stärkemoleküle mit dem Wasser. Solange sich die Moleküle bewegen können, bleibt der Schleim flüssig. Bei plötzlichem Druck klumpen die Moleküle zusammen, sodass die Mischung nicht mehr fließt.

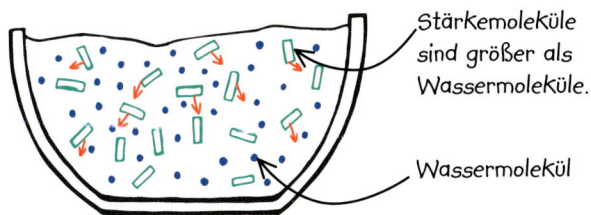

Stärkemoleküle sind größer als Wassermoleküle.

Wassermolekül

OHNE DRUCK

Solange du den Schleim sachte behandelst und nicht stark drückst, können sich die im Wasser schwebenden Stärkemoleküle bewegen. Der Schleim ist dick und zähflüssig.

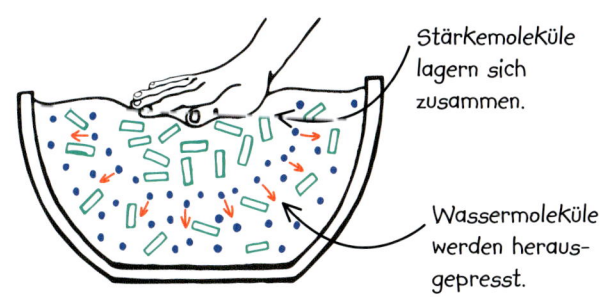

Stärkemoleküle lagern sich zusammen.

Wassermoleküle werden herausgepresst.

MIT DRUCK

Wird der Schleim fest zusammengedrückt, werden die Wassermoleküle zwischen den Stärkemolekülen herausgepresst. Die Stärke lagert sich zusammen und der Schleim wird fest.

IN DER NATUR
TREIBSAND

Flüssigkeiten, deren Viskosität sich unter Druck ändert, heißen „Nicht-Newton'sche Flüssigkeiten". Einige von ihnen, wie der Schleim, werden dicker und fester. Aber Treibsand – eine Mischung aus Sand, Lehm und Wasser – wird stattdessen flüssiger. Wenn du in Treibsand feststeckst und dich in Panik herauskämpfen willst, bewirken deine Bewegungen, dass du nur noch tiefer einsinkst.

UNSICHTBARE TINTE

Wenn du geheime Botschaften aufschreiben oder eine Schatzkarte zeichnen willst, brauchst du unsichtbare Tinte. Besonders gut eignet sich Zitronensaft. Eine mit Zitronensaft geschriebene Botschaft verschwindet sofort, weil der Saft trocknet. Mit Wärme wird die Schrift wieder sichtbar.

Bewahre die unsichtbare Tinte in einem Glas auf.

Pinsel oder Wattestäbchen eignen sich gut zum Auftragen der Tinte.

Wird das Papier erwärmt, erscheint die Zeichnung in dunkelbraunen Linien auf der Schatzkarte.

DER VERBORGENE SCHATZ

Die Karte wurde mit Zitronensaft auf weißes Papier gezeichnet. Sie war unsichtbar, bis das Papier in den warmen Backofen gelegt wurde. Die Wärme löst auf dem mit Zitronensaft getränkten Papier eine chemische Reaktion aus, sodass die braunen Linien der Karte sichtbar werden.

SO MACHST DU
UNSICHTBARE TINTE

Die Tinte in diesem Experiment ist reiner Zitronensaft.
Er wird unsichtbar, wenn er trocknet! Um die Karte
oder Botschaft zu machen, musst du das Papier in
einen heißen Backofen legen. Bitte einen Erwachsenen
um Hilfe und halte die hier angegebene Temperatur
ein, denn sonst kann das Papier in Brand geraten.
Behalte das Papier im Ofen außerdem immer im Auge.
In einem Gasofen musst du darauf achten, dass das
Papier weit weg von der Flamme ist.

Dauer
35 Minuten

Schwierigkeitsgrad
Mittel

Achtung!
Heißer Backofen!
Lass dir von
einem Erwach-
senen helfen.

DU BRAUCHST:

Schneidebrett

Weißes Papier

Kleine Schüssel

Messer

Zitrone

Wattestäbchen

Ofenhandschuh

Du brauchst außerdem einen Backofen.

1 Schneide die Zitrone in der Mitte durch und
presse den Saft in die kleine Schüssel. Wirf
die ausgepresste Schale auf den Kompost oder in
den Biomüll. Nun wasche dir die Hände und trockne
sie gut ab.

2 Tauche das Wattestäbchen in den Zitronensaft und schreibe oder zeichne etwas auf das
weiße Blatt Papier. Anfangs bleiben die Linien kurz
sichtbar, aber sobald der Zitronensaft trocknet,
verschwinden sie vollständig.

Bei Erwärmung wird die Schatz-karte sichtbar.

3 Schalte den Backofen zusammen mit einem Erwachsenen ein und stell ihn auf 200°C. Lege das Papier auf ein Backblech und schiebe es mit dem Ofenhandschuh in den Ofen, sobald er heiß genug ist.

4 Nach etwa 20 Minuten sollte die Schrift wieder sichtbar werden. Hole das Backblech mit Hilfe eines Erwachsenen und des Ofenhandschuhs heraus und lass es auf einer hitzebeständigen Fläche abkühlen.

5 Nimm das abgekühlte Blatt Papier in die Hand: Es fühlt sich starr und hart an. Durch die Hitze im Ofen ist es ausgetrocknet und an Stellen, die besonders heiß wurden, hat es vielleicht sogar braune Flecken bekommen.

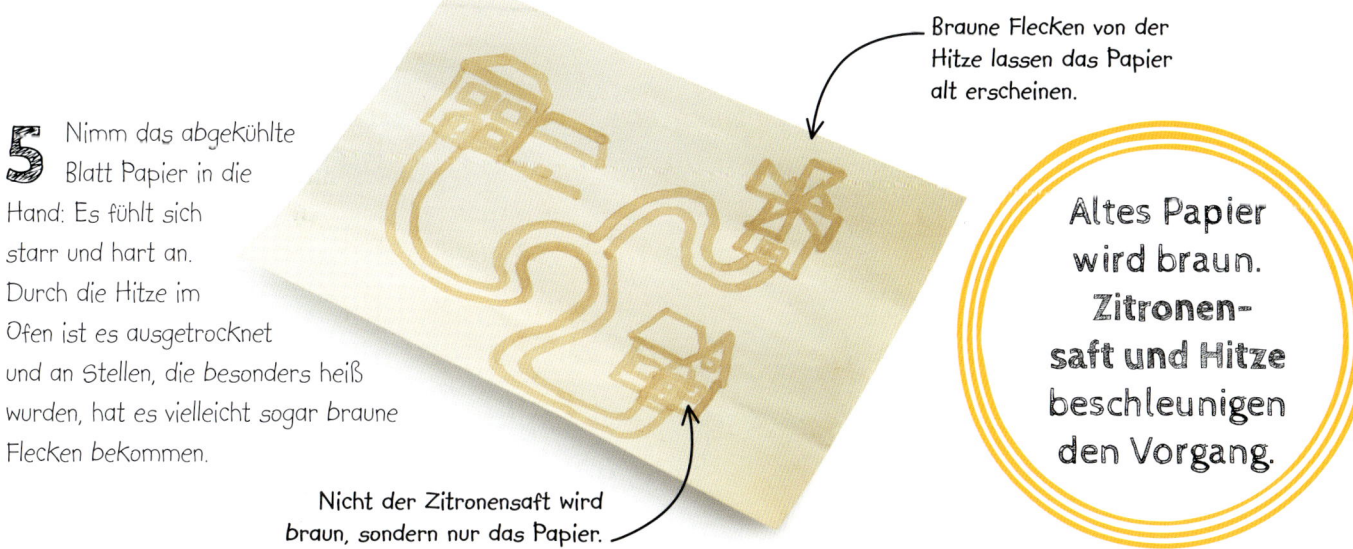

Braune Flecken von der Hitze lassen das Papier alt erscheinen.

Nicht der Zitronensaft wird braun, sondern nur das Papier.

Altes Papier wird braun. Zitronensaft und Hitze beschleunigen den Vorgang.

SO FUNKTIONIERT'S

Papier wird aus Zellulose hergestellt. Jedes große Zellulosemolekül besteht aus Tausenden von miteinander verbundenen Glukosemolekülen (eine Form von Zucker). Die Zitronensäure im Saft schwächt die Bindungen zwischen den Glukose-molekülen und setzt einige von ihnen frei. Wird das Papier über 170°C erwärmt, reagieren diese freien Moleküle miteinander. Dieser chemische Vorgang heißt Karamellisieren. Dabei entstehen neue Verbindungen, die eine braune Farbe haben und die Tinte wieder sichtbar werden lassen.

Die Zitronensäure im Saft schwächt die Bindungen.

Die freien Glukose-moleküle reagieren chemisch.

Wassermoleküle werden freigesetzt.

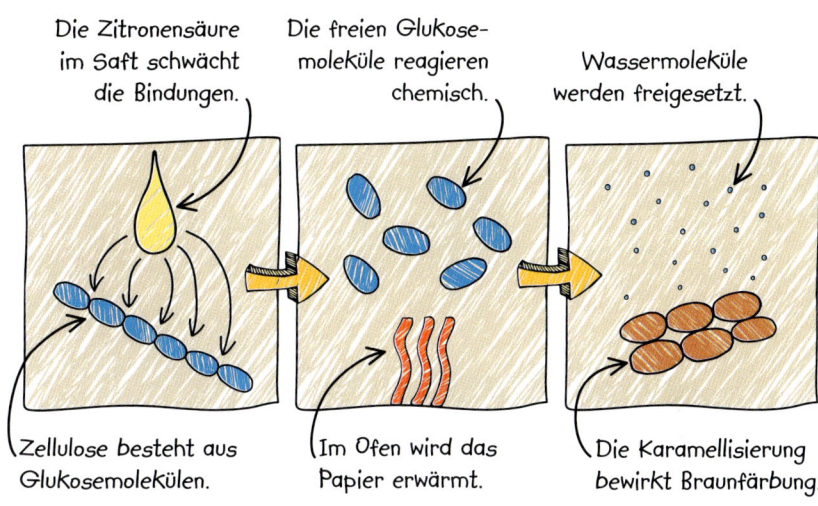

Zellulose besteht aus Glukosemolekülen.

Im Ofen wird das Papier erwärmt.

Die Karamellisierung bewirkt Braunfärbung.

GEBACKENES EIS

Jeder würde meinen, dass Eiscreme im heißen Backofen innerhalb weniger Minuten schmilzt. Bei dieser amerikanischen Tortenspezialität geschieht das aber nicht. Mit dieser herrlichen Nachspeise kannst du viel über Wärmeübertragung lernen und sie schmeckt auch noch sehr lecker. Normalerweise sollte man die Ergebnisse von Experimenten niemals essen, aber diese Eistorte ist eine Ausnahme. Am besten teilst du sie mit deiner Familie und deinen Freunden.

AUSSEN WARM, INNEN KALT

Eiscreme schmilzt im heißen Backofen nur dann nicht, wenn du sie mit etwas umgibst, das die Wärme kaum leitet. Schlechte Wärmeleiter werden auch als Isolatoren bezeichnet. In dieser Eistorte sind gleich zwei Isolatoren enthalten: Eischnee und Tortenboden.

Die Eiscreme wurde im Ofen gebacken und ist nicht geschmolzen!

Leichter, flaumiger Eischnee (Baiser) ist erstaunlich wärmebeständig.

In diesem Experiment wird Schokoladenkuchen verwendet, du kannst aber auch einen anderen Tortenboden nehmen.

SO MACHST DU
GEBACKENES EIS

Dieser erstaunliche Nachtisch sieht zwar einfach aus, aber du musst dich gleichzeitig als Koch und als Wissenschaftler betätigen. Da du unter anderem einen heißen Backofen benutzt, musst du einen Erwachsenen zu Hilfe holen. Als Grundlage kannst du entweder einen fertigen Tortenboden kaufen oder den Erwachsenen bitten, einen für dich zu backen. Hole die Eiscreme etwa 20 Minuten vor Beginn aus der Gefriertruhe, damit sie ein wenig auftaut. Denk immer daran, dir die Hände zu waschen, bevor du mit Lebensmitteln hantierst.

Schwierigkeitsgrad
Schwer

Dauer
45 Minuten plus Wartezeit

Achtung!
Der Backofen wird sehr heiß! Bitte einen Erwachsenen um Hilfe.

DU BRAUCHST:

Ofenhandschuhe

Kleine Schüssel

4 Eier

Frischhaltefolie

Eierbecher

Löffel

Große und kleine Glasschüssel

Eiscreme

Großes und kleines Palettmesser

Weinstein-Backpulver

Rührgerät

Schokoladenkuchen auf ofenfester Platte

400 g Zucker

Du brauchst außerdem einen Backofen.

Die Frischhalte-folie muss nicht unbedingt ganz glatt sein.

1 Lege die kleine Glasschüssel mit zwei Schichten Frischhaltefolie aus. Die Folie muss weit über den Rand hinausragen. Damit hebst du später die Eiscreme hoch, die du gleich in die Schüssel füllen wirst.

Wenn du die Eiscreme nur schwer heraus-löffeln kannst, lass sie ein wenig länger auftauen.

2 Nimm den Löffel und fülle die Schüssel zu etwa zwei Dritteln mit Eiscreme. Drücke die Eiscreme mit der Löffelrückseite nach unten und streiche die Oberfläche glatt. Stell die Schüssel mindestens 1 Stunde lang in den Gefrierschrank.

Halte die kleine Schüssel immer fest in der Hand.

3 Heize den Backofen auf 230 °C vor. Für den Eischnee schlägst du nun 1 Ei auf und lässt es in eine kleine Schüssel fallen. Falls Teile der Schale mit hineinfallen, sammle sie heraus – aber zerstöre auf keinen Fall das Eigelb.

4 Für den Eischnee darfst du nur das Eiweiß verwenden. Stülpe den Eierbecher über das Eigelb und halte es fest, während du das Eiweiß in die Backschüssel schüttest. Gehe mit den 3 weiteren Eiern ebenso vor. Die übrigen Eigelbe kannst du zum Kochen verwenden und z. B. Rührei daraus machen.

Schalte den Mixer nur mit trockenen Händen ein und stecke ihn nach Gebrauch sofort aus.

6 Gib nun langsam den Zucker zum Eischnee und rühre weiter. Höre erst auf, wenn die Mischung steif ist und glänzt. Bitte jemanden, dir beim Abnehmen und Säubern der Rührstäbe zu helfen.

5 Schlage das Eiweiß mit hoher Geschwindigkeit, bis es schaumig wird. Bitte dazu ruhig einen Erwachsenen um Hilfe. Gib 1,5 Teelöffel Backpulver hinzu. Rühre weiter und prüfe die Mischung alle paar Sekunden. Wenn der Mixer beim Herausziehen steife Spitzen zieht, ist der Eischnee fertig.

Die Mischung muss steife Spitzen ziehen, wenn du die Rührstäbe herausziehst.

7 Hole die Eiscreme aus der Gefriertruhe. Hebe sie vorsichtig mit der Frischhaltefolie heraus und lege sie mit der glatten Seite nach unten auf den Tortenboden. Sie darf nicht über den Rand hinausragen. Ziehe die Folie vorsichtig ab.

Bedecke die
ganze Eiscreme
mit Eischnee.
Es dürfen keine
Lücken bleiben.

8 Jetzt musst du schnell und sorgfältig arbeiten!
Streiche den Eischnee mit dem Palettmesser
über die Eiscreme und den Boden. Ziehe die Ofenhandschuhe an, schiebe die Kuchenplatte in den
heißen Ofen und backe den Kuchen 3 Minuten lang,
bis der Eischnee leicht anbräunt.

9 Die Eistorte muss nun aus dem Ofen geholt
werden. Sie sieht fantastisch aus! Da die
Kuchenplatte sehr heiß ist, brauchst du die Handschuhe und auch einen Erwachsenen. Stell die Platte
auf eine hitzebeständige Fläche. Auch wenn die Ver-
suchung groß ist: Lass den Kuchen in Ruhe abkühlen,
bevor du ihn probierst!

Frisch aus dem
Backofen ist der
Eischnee sehr
heiß. Man nennt
ihn nun „Baiser".

Die Eiscreme ist
aber noch kalt!

NOCH EINE IDEE

Du kannst auch kleinere Eistorten aus
Keksen backen. Da Kekse dünner sind als
Kuchen und da du wahrscheinlich auch eine
dünnere Schicht Eischnee verwendest, ist
die Eiscreme nicht so gut gegen die heiße
Luft im Backofen isoliert. Dafür muss der
Eischnee auch weniger lang gebacken werden.
Aus diesem Grund wird die Eiscreme auch
in diesem Fall nicht zerschmelzen.

Der Tortenboden
verhindert die
Wärmeüber-
tragung von der
heißen Platte auf
die Eiscreme.

10 Diesen Moment hast du mit Spannung
erwartet! Schneide die Eistorte auf.
Die Eiscreme müsste immer noch kalt und relativ
fest sein, obwohl sie im heißen Ofen war. Für eine
Person ist der Kuchen zu viel. Warum lädst du nicht
ein paar Freunde und deine Familie ein, ihn mit dir
zusammen zu verspeisen?

SO FUNKTIONIERT'S

Eiweiß besteht hauptsächlich aus Wasser mit ein wenig gelöstem Zucker und langen Eiweißmolekülen (vor allem ein Molekül namens Albumin). Im natürlichen Zustand sind die Albuminmoleküle verschlungen. Beim Schlagen von Eiweiß werden sie aber entwirrt. Sie lagern sich zusammen und schließen dabei winzige Luftblasen zwischen sich ein. Luft isoliert gut gegen Wärme, d. h., Wärme kann sich in Luft schlecht ausbreiten. Während also die Oberfläche des Kuchens schnell heiß wird, dringt die Wärme durch die im Eiweiß gefangenen Luftschichten nur sehr langsam zu der Eiscreme vor.

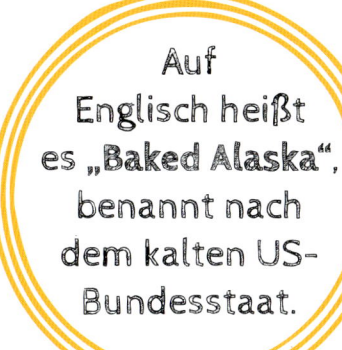

Auf Englisch heißt es „Baked Alaska", benannt nach dem kalten US-Bundesstaat.

Es bilden sich Luftbläschen.

Die langen Albuminmoleküle sind verschlungen.

Die Albuminmoleküle verbinden sich.

Steifer Schaum

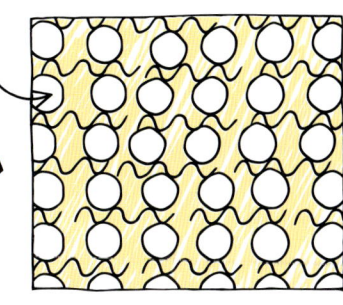

Eiweiß besteht zu 90 Prozent aus Wasser und zu 10 Prozent aus Protein. Nur die Proteine machen es klebrig.

Beim Schlagen von Eiweiß entwirren sich die Albuminmoleküle und zwischen ihnen entstehen viele winzige Luftbläschen.

Die Albuminmoleküle verbinden sich und schließen die Luftbläschen ein. Beim Backen wird der Eischnee hart und braun.

IN DER NATUR
ISOLIERUNG IM IGLU

Im Schnee ist, ebenso wie in Eischnee, viel Luft eingeschlossen. Er ist damit ein sehr guter Isolator. Deshalb bleibt es in Iglus schön warm. Iglus werden von den Menschen in Nordkanada, Alaska und Grönland aus Schneeblöcken gebaut.

SO BLEIBT ES IM IGLU WARM

Die Körperwärme der Menschen erwärmt die Luft im Inneren des Iglus und der Schnee behindert die Wärmeabgabe nach außen. Iglus, die heute fast nur noch von Forschern und Bergsteigern genutzt werden, können dir in einem Schneesturm das Leben retten.

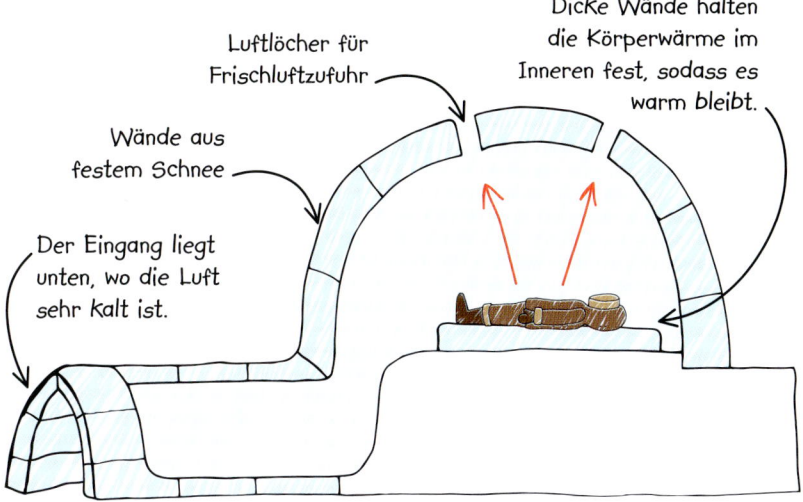

Luftlöcher für Frischluftzufuhr

Dicke Wände halten die Körperwärme im Inneren fest, sodass es warm bleibt.

Wände aus festem Schnee

Der Eingang liegt unten, wo die Luft sehr kalt ist.

MONSTER-MARSHMALLOWS

Jetzt kommen wir zu einer großen Sache. Wenn dir Marshmallows schmecken, wird dir dieses Experiment bestimmt sehr gut gefallen, weil es die leckeren, klebrigen Süßigkeiten in Riesen verwandelt. Sie werden vor deinen Augen aufgehen wie Kuchen im Backofen – nur wesentlich schneller. Du brauchst dazu nichts weiter als einen Mikrowellenherd und etwa eine halbe Minute Zeit. Das Ergebnis ist so lecker, dass du wahrscheinlich gar nicht mehr aufhören willst. Kaufe also eine Tüte Marshmallows und mach dich auf eine Monster-Überraschung gefasst!

Bei diesem Versuch sind Süßigkeiten im Labor erlaubt!

Benutze Marshmallows in verschiedenen Farben.

VIEL HEISSE LUFT

Riesen-Marshmallows sind eine ganz natürliche Sache. Sie dehnen sich aus, weil sie viel Luft enthalten. Solltest du das Experiment mehrmals machen, denk daran, dass jedes einzelne Marshmallow, das aus der Mikrowelle kommt, sehr heiß und klebrig ist.

Marshmallows schwellen beim Erwärmen sehr rasch an.

Da der Teller sich dreht, wird das Marshmallow gleichmäßig erhitzt.

SO MACHST DU
MONSTER-MARSHMALLOWS

Dieses Experiment geht sehr schnell, ist einfach und macht Spaß. Du brauchst nur einen Mikrowellenherd, ein paar Marshmallows und einen mikrowellenfesten Teller. Erhitze die Marshmallows nicht zu lange, sonst werden sie braun und schmecken nicht mehr gut. Lass die Marshmallows nach dem Herausholen mindestens 1 Minute lang abkühlen, bevor du sie isst, denn sie werden sehr heiß. Du könntest dir den Mund verbrennen.

Dauer
3 Minuten

Schwierigkeitsgrad
Leicht

Achtung!
Bitte beim Benutzen der Mikrowelle einen Erwachsenen um Hilfe.

DU BRAUCHST:

Marshmallows auf einem mikrowellenfesten Teller

Außerdem brauchst du einen Mikrowellenherd.

1 Lege ein Marshmallow auf den Teller und stell ihn in den Mikrowellenherd. Mikrowellen sind unsichtbare Strahlen, die bestimmte Dinge wie etwa Marshmallows sehr schnell erwärmen.

2 Schließe den Mikrowellenherd, stell die Zeitschaltuhr auf 30 Sekunden und drücke auf „Start". Die energiereichen Strahlen treffen auf das Marshmallow, das die Energie in sich aufnimmt.

3 Beobachte den Vorgang genau durch die Tür des Herds. Nach rund 15 Sekunden fängt das Marshmallow an, sich langsam auszudehnen.

4 Hole den Teller nach 30 Sekunden vorsichtig heraus. Das Marshmallow ist sehr heiß! Stell beim nächsten Mal 1 Minute ein: Was wird wohl passieren?

NOCH EINE IDEE

Versuche auch den folgenden Test. Sei aber vorsichtig, weil die Marshmallows sehr heiß werden. Bitte sicherheitshalber einen Erwachsenen um Hilfe.

1 Nimm eine Handvoll kleine Marshmallows und baue auf dem mikrowellenfesten Teller eine Pyramide auf. Setze die Marshmallows sorgfältig aufeinander.

Die Marshmallows dehnen sich schnell aus und bedecken den ganzen Teller!

2 Stell die Zeitschaltuhr auf 30 Sekunden ein und sieh dann von außen zu, wie die Marshmallows zu einer aufgeblasenen und blubbernden Masse verschmelzen.

Vor deinen Augen lösen sich die Marshmallows fast vollständig auf.

3 Okay, bist du bereit für eine coole Überraschung? Stell die Zeitschaltuhr erneut auf 30 Sekunden. Was erhältst du jetzt? Einen Teller mit einer heißen, klebrigen Flüssigkeit!

SO FUNKTIONIERT'S

Marshmallows sind weich und schaumig, weil sie im Inneren Tausende kleine Luftbläschen enthalten. Gase wie Luft bestehen aus Molekülen, die sich in hohem Tempo frei bewegen und von allen Oberflächen abprallen. Dabei üben die Moleküle Druck auf die Oberflächen aus. Werden Gase erwärmt, bewegen sich die Moleküle noch schneller und üben beim Aufprall mehr Druck aus. Beim Erwärmen von Marshmallows werden die vielen Luftbläschen wie Ballons aufgeblasen.

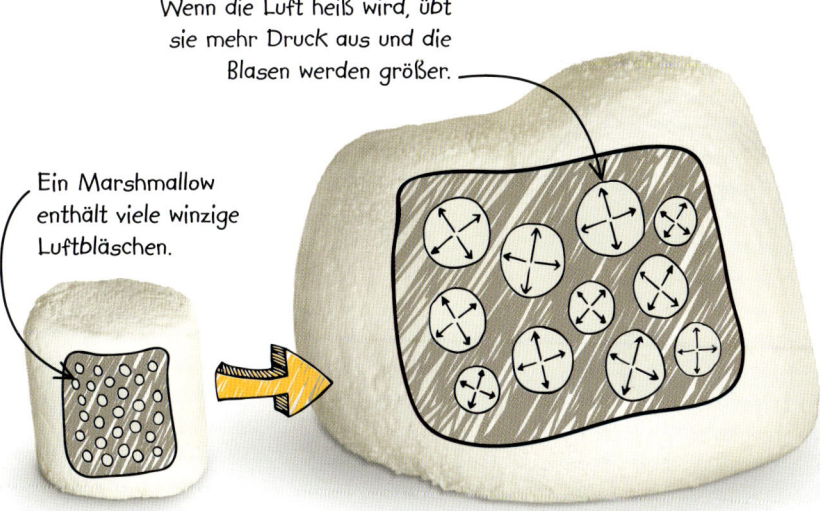

Wenn die Luft heiß wird, übt sie mehr Druck aus und die Blasen werden größer.

Ein Marshmallow enthält viele winzige Luftbläschen.

Die Luftbläschen im kalten Marshmallow sind klein und verändern sich nicht.

Die Luft im Inneren dehnt sich rasch aus und drückt gegen die weichen, zuckerigen Wände des Marshmallow.

IM ALLTAG
ETWAS ZERGEHT AUF DER ZUNGE

Die Gelatine, die als Verdickungsmittel in Marshmallows enthalten ist, schmilzt bei einer Temperatur, die knapp unter der menschlichen Körpertemperatur von 37 °C liegt. Deshalb zergehen Marshmallows auf deiner Zunge. Der niedrige Schmelzpunkt ist auch für das Experiment wichtig, weil Marshmallows beim Erwärmen weich werden und sich so leichter ausdehnen können. Auch Schokolade schmilzt im Mund. Die Schokoladenhersteller achten bei ihren Rezepten sehr genau darauf, dass die Schokolade sich leicht und gleichmäßig auf der Zunge verteilt.

KRISTALL-LUTSCHER

Selbst Lutscher herzustellen ist einfacher als gedacht.
Bei diesem interessanten Experiment machst du bunte
Süßigkeiten, die nicht nur schön aussehen, sondern auch
lecker schmecken. Diese Lutscher entstehen, weil sich
Billionen winziger Zuckermoleküle zusammen-
lagern und glitzernde Kristalle bilden.
Es kann eine Woche dauern, bis sie groß
genug sind, aber das Warten lohnt sich.

EIN BESONDERER LECKERBISSEN
Zu viel Zucker schadet der Gesundheit
und den Zähnen, aber hin und wieder
darfst du dir ruhig einen Leckerbissen
gönnen. Diese Lutscher erhalten durch
Zitronensaft einen natürlichen Geschmack. Mit Lebensmittelfarbe
kannst du sie bunt färben.

Große Zucker-
kristalle brauchen
zum Wachsen
mehrere Tage.

Als Stiel eignen sich
Schaschlikspieße.

Mit Lebensmittel-
farbe leuchten die
Süßigkeiten bunt
und einladend.

SO MACHST DU
KRISTALL-LUTSCHER

Das Experiment ist zwar nicht kompliziert, aber du brauchst ein wenig Geduld, weil die Kristalle mindestens ein paar Tage wachsen müssen. Da du mit einem Topf voller siedend heißer, sirupartiger Flüssigkeit arbeitest, brauchst du die Hilfe eines Erwachsenen. Wenn du dir beim Abwiegen der Zutaten nicht sicher bist, kannst du einen Erwachsenen um Rat fragen. Aus der angegebenen Menge Lösung lassen sich mehrere Lutscher herstellen.

Dauer
20 Minuten plus
eine Woche zum Wachsen

Schwierigkeitsgrad
Mittel

Achtung!
Bitte einen Erwachsenen um Hilfe, wenn du mit heißem Wasser arbeitest.

DU BRAUCHST:

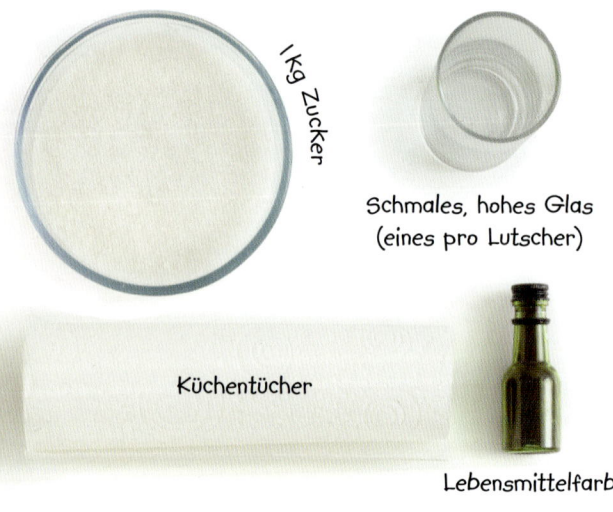

1 kg Zucker

Schmales, hohes Glas
(eines pro Lutscher)

Küchentücher

Lebensmittelfarbe

Holzspieß

Pfannenwender

Wäsche-klammer

Zitrone

Kleinen Topf mit
200 ml kaltem
Wasser

Du brauchst außerdem einen Herd.

Schütte langsam und vorsichtig, sonst machst du sehr viel Schmutz!

Am Herd wird es sehr heiß. Daher musst du dir von einem Erwachsenen helfen lassen.

1 Die wunderschönen Kristalle wachsen in einer konzentrierten Zuckerlösung. Du musst also zuerst sehr viel Zucker mit Wasser vermischen. Stell einen Topf mit 200 ml Wasser auf den Herd und gib 800 g Zucker hinein. Schalte die Herd-platte mithilfe eines Erwachsenen auf eine hohe Stufe.

2 Wenn das Wasser wärmer wird, rühre mit dem Pfannenwender langsam um. Spritze dich nicht an! Du kannst auch hier einen Erwachsenen um Hilfe bitten. Der Zucker löst sich schnell auf, aber rühre trotzdem weiter.

3 Erwärme das Zuckerwasser etwa 3 Minuten lang. Es soll sehr heiß werden, aber nicht kochen. Schalte auf eine niedrige Stufe, sobald Blasen aufsteigen. Wenn eine sirupartige Flüssigkeit entstanden ist, kannst du ganz ausschalten.

4 Während die Lösung abkühlt, kannst du vorsichtig Lebensmittelfarbe hineinschütten. 10 Tropfen genügen. Schneide die Zitrone auseinander und drücke für den Geschmack etwas Saft in die Mischung. Rühre noch einmal um.

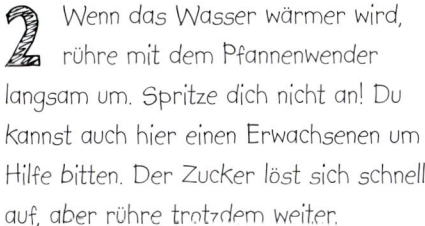

Mit dem Zuckerwasser kannst du mehrere Lutscher herstellen.

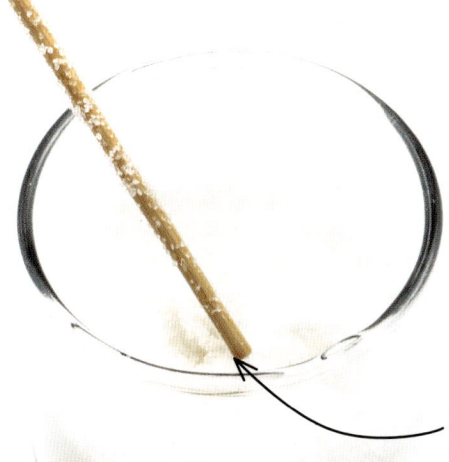

Um die Zuckerkörner herum können die Kristalle sehr gut wachsen.

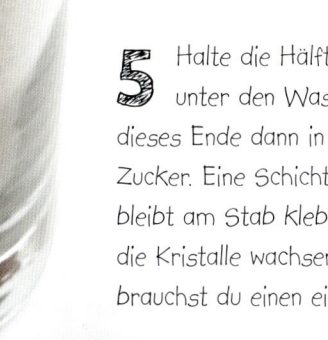

5 Halte die Hälfte eines Holzstabs unter den Wasserhahn und tauche dieses Ende dann in den restlichen Zucker. Eine Schicht Zuckerkörner bleibt am Stab kleben. Daran können die Kristalle wachsen. Für jeden Lutscher brauchst du einen eigenen Holzstab.

6 Nach 10 Minuten ist die Lösung so kühl, dass du sie in ein Glas schütten kannst. Wenn du aber unsicher bist, warte etwas länger, denn das Glas zerspringt, wenn es zu heiß wird. Für mehrere Lutscher musst du die Lösung in mehrere Gläser schütten.

7 Tauche das gezuckerte Ende des Stabs in die Lösung und fixiere ihn mit einer Wäscheklammer. Der Stab darf den Boden des Glases nicht berühren. Sofort legen sich Zuckermoleküle aus der Lösung um die Zuckerkörner am Stab.

8 Die Lösung müsste sich eine Weile gut halten, denn in Zuckerwasser können Bakterien und andere Keime kaum überleben. Schütze das Glas dennoch mit einem auf den Stab gesteckten Küchentuch vor Staub und Insekten.

9 Lass das Glas ein paar Tage an einem sicheren Ort stehen und sieh täglich nach, wie die Kristalle wachsen. Bildet sich auf der Lösung eine Zuckerkruste, nimm sie vorsichtig ab, denn dann kann der Lutscher besser weiterwachsen.

10 Wenn der Lutscher groß genug ist, ziehe den Holzstab aus der Lösung und lass ihn trocknen. Nun kannst du endlich probieren, wie dein erster selbst gemachter Zuckerkristall-Lutscher schmeckt. Du kannst natürlich auch welche einpacken und verschenken.

Im Kühlschrank oder zugedeckt bleiben die Lutscher länger frisch.

NOCH EINE IDEE

Aus derselben Zuckerlösung, aber ohne Lebensmittelfarbe, lassen sich wunderbare Dekorationsstücke herstellen. Die pelzige Oberfläche von Pfeifenreinigern ist ein idealer Nährboden für Kristalle. Sie lassen sich außerdem leicht in verschiedene Formen biegen.

SO FUNKTIONIERT'S

Jedes Zuckerkörnchen ist ein winziger Kristall aus Billionen von Zucker-molekülen, die ein regelmäßiges Muster bilden. Wenn du Zucker mit Wasser vermischst, lösen sich die Zuckerkristalle zwischen den Wasser-molekülen auf und es entsteht eine Lösung. In der Lösung, die du für dieses Experiment hergestellt hast, sind die Zuckermoleküle sehr stark konzentriert. Die Konzentration nimmt sogar noch zu, weil das Wasser an der Oberfläche der Lösung langsam verdunstet. Alle Moleküle in der Lösung sind ständig in langsamer Bewegung. Wenn die Zuckermoleküle auf die Zuckerkörnchen treffen, mit denen der Holzstab bedeckt ist, bleiben sie meist an ihnen haften. Wenn immer mehr Moleküle haften bleiben, wachsen die Kristalle – und damit auch dein Lutscher.

Zucker bildet monokline Kristalle.

Wäsche-klammer

Holzspieß

Wasser verdunstet an der Oberfläche (Flüssigkeit wird zu Dampf), sodass der Zucker in der Lösung immer konzentrierter wird.

Die Zuckermoleküle (Quadrate) vermischen sich mit den Wasser-molekülen (Punkte). Mit der Zeit treffen die Zuckermoleküle auf die Zuckerkörnchen am Holzstab.

Wenn der Lutscher wächst, sammeln sich Hunderte von einzelnen Kristallen an.

FORM DER KRISTALLE

Die Form von Kristallen wird von der Art der Bindung zwischen den Molekülen bestimmt. In dem Lutscher sind die Kristalle „monoklin". Das bedeutet, dass jeder Kristall drei ungleiche Seiten besitzt.

IN DER NATUR
REIF

Wassermoleküle in der Luft vermischen sich ebenso mit Sauerstoffmolekülen wie die Zuckermoleküle mit den Wassermolekülen in unserem Experiment. Bei kaltem Wetter lagern sich viele Wassermoleküle aneinander und bilden einen eisigen Überzug, den Reif.

ZITRONENBATTERIE

Wusstest du, dass du aus Zitronen eine Batterie bauen kannst? Mit nur fünf Zitronen, ein paar Münzen, Schrauben und Kabeln kannst du elektrischen Strom erzeugen, der so stark ist, dass er eine kleine LED-Lampe zum Leuchten bringt. Stell dir vor, was du mit hundert Zitronen alles mit Energie versorgen könntest!

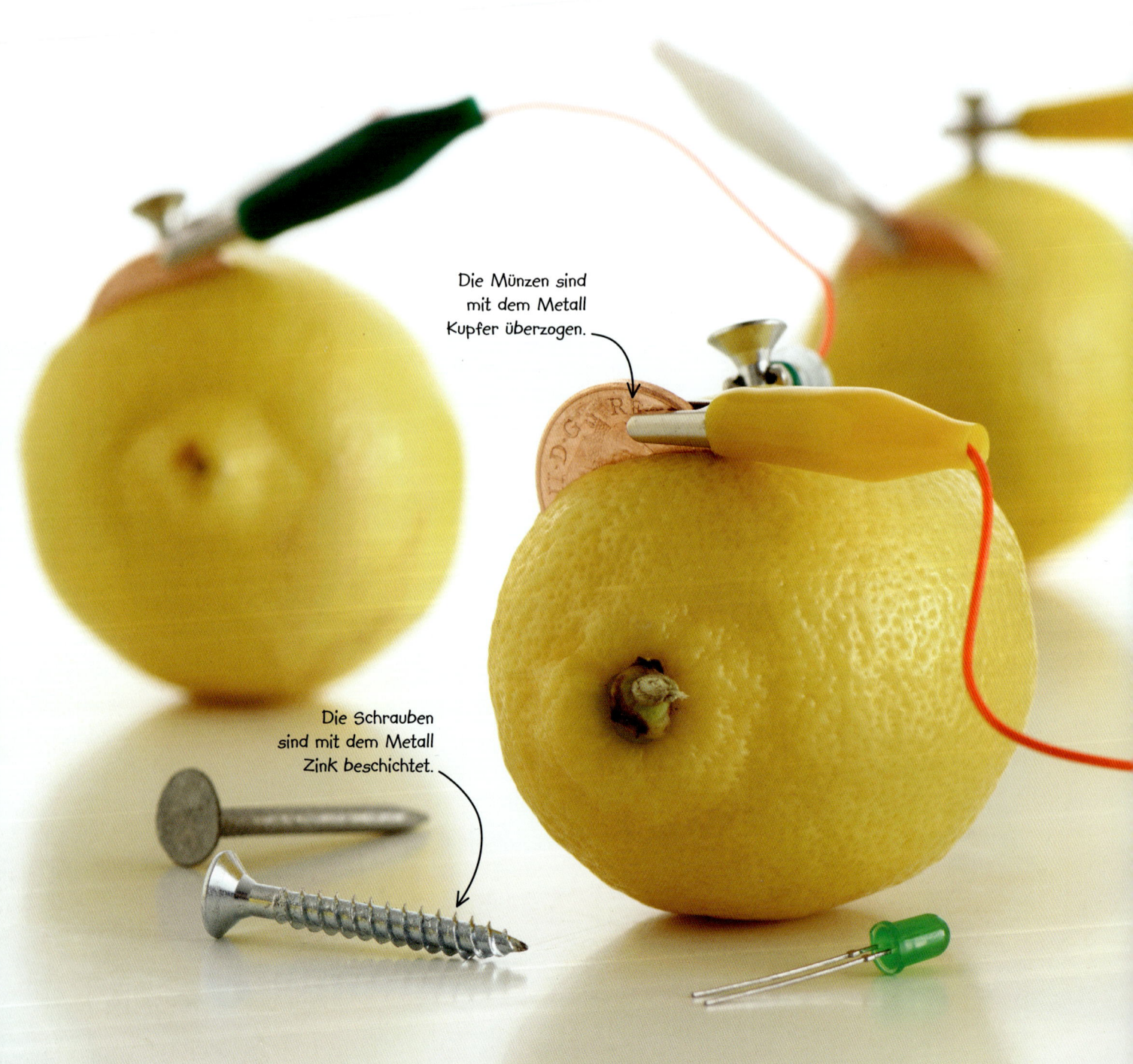

Die Münzen sind mit dem Metall Kupfer überzogen.

Die Schrauben sind mit dem Metall Zink beschichtet.

ZELLEN, SPANNUNG UND BATTERIEN

Eine Zitrone bildet mit einer Münze und einer Schraube eine sogenannte „Zelle", die Energie erzeugt. Energie wird in Volt (V) gemessen. Eine einzelne Zitronenzelle erzeugt rund 0,8 V. Um so viel Energie zu erzeugen, dass die LED-Lampe leuchtet, musst du fünf Zitronenzellen verbinden. Mehrere miteinander verbundene Zellen bilden eine Batterie.

Im Inneren der Kabel sind Metalldrähte, die die Münzen mit den Schrauben verbinden.

LEDs werden in vielen elektronischen Geräten verwendet.

SO BAUST DU EINE
ZITRONENBATTERIE

Bitte einen Erwachsenen darum, die Dinge für dieses Experiment zu besorgen. Die Schrauben müssen galvanisiert, d. h. mit Zink beschichtet sein. LEDs und Kabel mit Krokodilklemmen gibt es im Elektrofachgeschäft. Das Experiment ist zwar ungefährlich, aber Elektrizität an sich kann gefährlich sein. Die Zitronen musst du nach dem Experiment wegwerfen – sie werden ungenießbar.

Dauer
15 Minuten

Schwierigkeitsgrad
Mittel

Achtung!
Mit dem scharfen Messer sollte ein Erwachsener schneiden.

DU BRAUCHST:

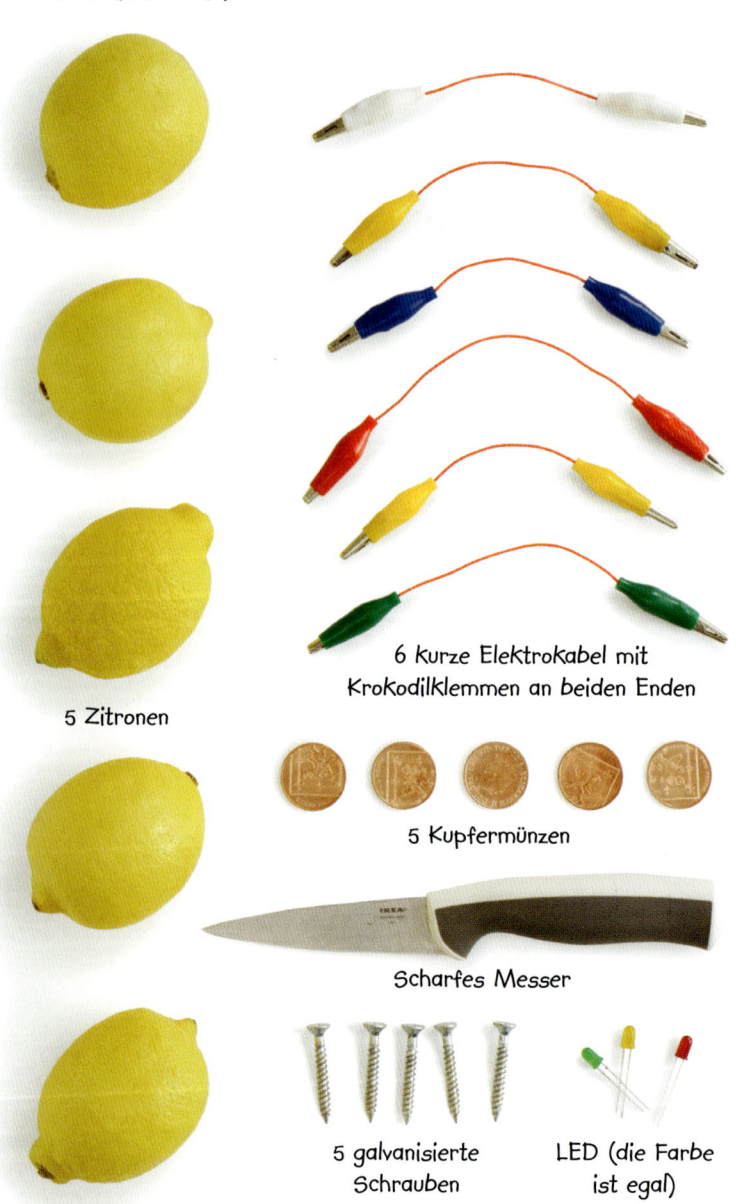

5 Zitronen

6 kurze Elektrokabel mit Krokodilklemmen an beiden Enden

5 Kupfermünzen

Scharfes Messer

5 galvanisierte Schrauben

LED (die Farbe ist egal)

1 Lass dir von einem Erwachsenen dabei helfen, mit dem Messer einen etwa 1 cm von der Mitte entfernten Spalt in die Zitrone zu ritzen, der etwa 2 cm tief ist. Schiebe eine Münze tief in diesen Spalt. Mach dasselbe mit den anderen 4 Zitronen.

2 Etwa 1 cm auf der anderen Seite der Mitte der Zitrone steckst du eine galvanisierte Schraube hinein. Drehe sie im Uhrzeigersinn, damit sie gut fest sitzt. Wiederhole das Ganze mit den anderen 4 Zitronen und ordne alle anschließend in einem Kreis an.

Je ein Kabelende von der ersten und der letzten Zitrone ist frei.

3 Drücke die Krokodilklemme hinten zusammen, sodass sie sich vorn öffnet. Umklammere dann damit die Schraube in einer Zitrone. Setze nun die andere Klemme fest auf die Münze einer anderen Zitrone.

4 Verbinde so alle Zitronen miteinander – immer Münze mit Schraube. Bei der letzten Zitrone klemmst du ein Kabel an der Münze fest, verbindest es aber nicht mit der Schraube in der ersten Zitrone. Setze stattdessen ein freies Kabel auf die Schraube.

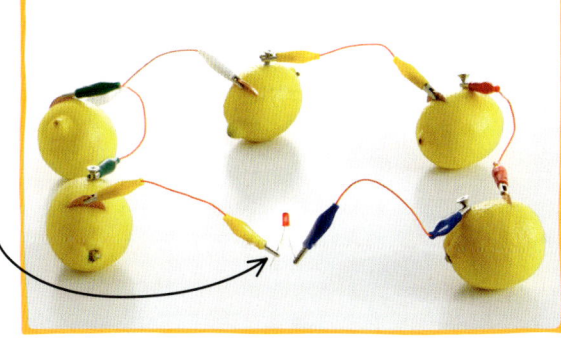

Sollte die LED nur schwach leuchten, stecke die Münzen und Schrauben tiefer in die Zitronen.

5 Jede LED-Lampe hat zwei Enden mit leicht unterschiedlicher Länge. Klemme das freie Ende des Kabels, das von der Münze kommt, an das etwas längere Ende der LED.

6 Verbinde nun die freie Klammer des anderen Kabels, das mit der Schraube verbunden ist, mit dem kürzeren Ende der LED. Nun ist der Stromkreis geschlossen und die LED-Lampe fängt an zu leuchten.

SO FUNKTIONIERT'S

Der elektrische Strom, der die LED zum Leuchten bringt, wird von unzähligen winzigen Teilchen, den Elektronen, erzeugt, die durch die Drähte wandern. Jedes Atom hat Elektronen. Wenn sich das Zink (von der Schraube) im Zitronensaft auflöst, gibt jedes Zinkatom zwei Elektronen ab. Elektronen sind immer negativ geladen, sodass sie sich abstoßen und im Draht bewegen. Wenn sie die Kupfermünze erreichen, findet eine andere chemische Reaktion statt, die es den Elektronen ermöglicht, durch den Stromkreis zu fließen.

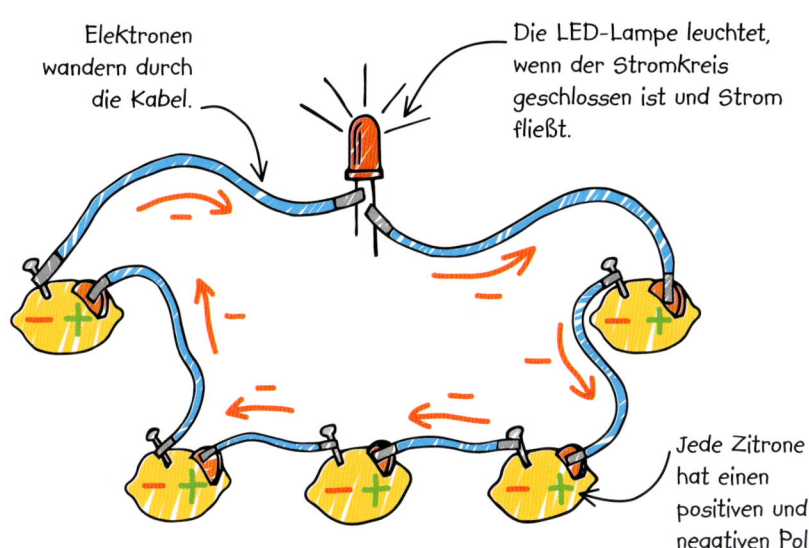

Elektronen wandern durch die Kabel.

Die LED-Lampe leuchtet, wenn der Stromkreis geschlossen ist und Strom fließt.

Jede Zitrone hat einen positiven und negativen Pol.

IM HAUSHALT

Mit ganz alltäglichen Dingen wie Papier, Gummibändern und Luftballons kannst
du die erstaunlichsten Experimente durchführen. Wie du in diesem aufregenden
Kapitel sehen wirst, lässt sich die Struktur der DNA oder auch die Anordnung
der Planeten im Sonnensystem ganz einfach erforschen. Außerdem stellen
wir Experimente mit Papierfliegern und statischer Elektrizität an. Die meisten
Gegenstände, die du dafür brauchst, findest du zu Hause – etwa auf deinem
Schreibtisch oder sogar im Papierkorb.

DNA-MODELL

Diese knallbunte Wendeltreppe ist das Modell eines sehr wichtigen Teils deines Körpers – allerdings ist das Modell etwa zehn Millionen Mal größer als das Original! DNA ist ein winziges Molekül mit einem langen Namen: Die Abkürzung steht für Desoxyribonukleinsäure (auf Englisch: Desoxyribonucleic Acid). Alle Lebewesen tragen sie in sich, und zwar in jeder einzelnen Körperzelle. Jedes Molekül ist eine Minidatenbank, vollgepackt mit Anweisungen für alle Funktionen des Körpers. Du kannst mit ganz alltäglichen Dingen wie Schere, Papier und bunten Textmarkern ein tolles Modell herstellen.

An die Schere, fertig, los!

BUNTE FARBSPIRALE

Die DNA ist natürlich nicht wirklich so bunt, aber mit den Farben ist sie viel leichter verständlich. In der Anleitung auf den folgenden Seiten erfährst du, wie du die verschiedenen Farben im Modell anordnen musst. Es ist ganz leicht und macht großen Spaß.

Mit leuchtenden Farben entsteht ein toller Effekt.

Die peppige DNA-Spirale ist eine tolle Dekoration für dein Zimmer.

Am Klebeband werden die Leitersprossen befestigt.

SO BASTELST DU EIN
DNA-MODELL

Das fertige DNA-Modell wird wie eine spiralig eingedrehte Strickleiter aussehen – eben wie echte DNA. Wichtig sind die vier verschiedenen Farben der „Leitersprossen". Jede Farbe steht für einen von vier verschiedenen chemischen Stoffen. Das Klebeband stellt die langen „Stricke" der Leiter dar, die in echter DNA ebenfalls aus chemischen Stoffen bestehen.

Dauer
1 Stunde

Schwierigkeitsgrad
Mittel

DU BRAUCHST:

Textmarker in 4 verschiedenen Farben

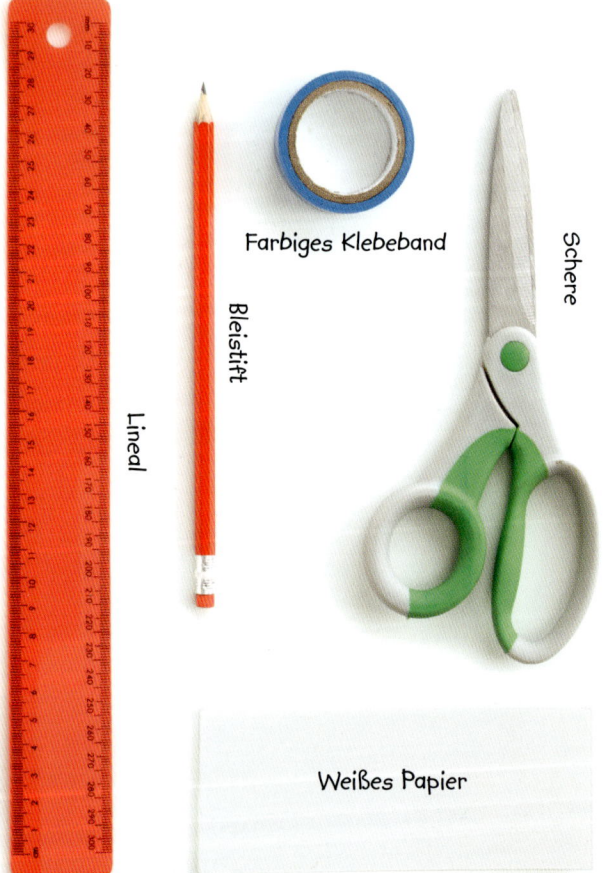

Farbiges Klebeband

Schere

Bleistift

Lineal

Weißes Papier

1 Zeichne mit Lineal und Bleistift etwa 30 je 1 cm breite und 3 cm lange Streifen auf das Papier. Schneide die Streifen mit der Schere aus. Sie bilden die Sprossen der Leiter. Jeder Streifen stellt ein sogenanntes „Basenpaar" dar. Basen sind eine bestimmte Art von chemischen Stoffen.

2 Falte jeden Streifen einmal in der Mitte. Die Falte markiert die Trennlinie zwischen den beiden Basen. In der echten DNA sind die zwei Basen in jeder Leitersprosse über eine chemische Bindung miteinander verbunden.

3 Male nun die Sprossen beidseitig farbig an. Die beiden Hälften müssen verschiedene Farben bekommen, aber die Farbpaare sind immer gleich: Gelb muss z. B. immer mit Orange kombiniert werden und Grün immer mit Rosa.

4 Schneide nun zwei etwa 70 cm lange Streifen Klebeband ab und lege sie mit der Klebeseite nach oben in einem Abstand von rund 2 cm nebeneinander. Klebe die Enden mit kurzen Streifen desselben Klebebands zusammen.

Halte die Leiter, während du sie vorsichtig eindrehst.

Es gibt keine bestimmte Reihenfolge, weil jeder Mensch eine einzigartige DNA hat.

Die paarweise angeordnete Spiralform der DNA nennt man Doppelhelix.

5 Drücke die Leitersprossen in beliebiger Reihenfolge in jeweils etwa 1 cm Abstand auf die Klebebandstreifen. Wenn alle Leitersprossen aufgebraucht sind, falte die noch freien Enden der Klebebandstreifen auf sie, damit sie sich nicht mehr verschieben können.

6 Jetzt fehlt nur noch eines, dann ist das Modell perfekt: Du musst die Leiter spiralförmig eindrehen, damit sie aussieht wie echte DNA. Beginne mit dem Ende, das dir am nächsten liegt, und drehe die Leiter langsam und vorsichtig gegen den Uhrzeigersinn, um die Drehung richtig hinzubekommen.

SO FUNKTIONIERT'S

Die Basen der DNA, die in dem Modell dargestellt sind, sind codierte Anweisungen zur Herstellung von Proteinen. Das sind große, komplexe Moleküle, die für den Aufbau, die Funktion und die Regulierung der Gewebe und Organe unentbehrlich sind. Das Protein Keratin bildet z. B. die Haare, Finger- und Zehennägel. Ein DNA-Abschnitt, der das Rezept für ein bestimmtes Protein enthält, heißt Gen. Der gesamte DNA-Code besteht aus rund 20 000 Genen. Die Gesamtheit der Gene wird als Genom bezeichnet. Niemand auf der Erde hat genau das gleiche Genom wie du – es sei denn, du hast einen eineiigen Zwilling.

IN DER WISSENSCHAFT
DNA-SEQUENZ

Mit speziellen Geräten können Wissenschaftler die DNA-Sequenz ermitteln: Das ist die genaue Reihenfolge der Basen in einem DNA-Molekül. So können sie anhand einer DNA-Probe eine Person identifizieren oder auch Gene finden, die bestimmte Krankheiten verursachen.

AUF UND DAVON!

Die drei Flieger die du nun bauen wirst, verhalten sich ganz unterschiedlich, weil die Luft im Flug auf verschiedene Weise an ihnen vorbeiströmt. Probiere unterschiedliche Startmethoden aus: nach oben, nach unten, mit festem oder leichtem Anstoß. Du kannst auch mit verschiedenen Flügelformen experimentieren.

Das Stuntflugzeug beherrscht raffinierte Tricks.

Das Gleitflugzeug ist so gebaut, dass es möglichst lange in der Luft bleibt.

Der Flitzeflieger ist für hohes Tempo und weite Entfernungen gebaut.

PAPIER-FLIEGER

Ein Blatt Papier fällt normalerweise langsam schwingend zu Boden, weil die Luft an den flatternden Rändern ungleichmäßig verdrängt wird. Mit ein paar Faltungen, Schnitten und kleinen Tricks kannst du aber erreichen, dass das Blatt Papier schnell fliegt, elegant gleitet oder beeindruckende Manöver vollführt. Bei diesem Experiment erkundest du die „Aerodynamik" – die Wechselwirkung zwischen der Luft und den Gegenständen, die sich durch die Luft bewegen. Bist du startklar?

SO FALTEST DU
PAPIER-FLIEGER

Diese drei Papierflieger – ein leicht zu faltender, ein mittelschwerer und ein schwieriger – werden dir viel Spaß bereiten. Aber nur, wenn du sorgfältig arbeitest, fliegen sie wirklich gut. Du brauchst lediglich Papier und für ein Modell zusätzlich Lineal, Schere und Klebeband. Achtung: Da der Flitzeflieger eine harte Spitze hat, darfst du niemanden im Gesicht treffen.

DU BRAUCHST:

DIN-A4-Papier

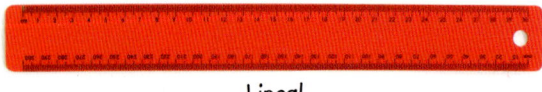

Lineal

Schere   Klebeband

FLITZEFLIEGER

Dieser einfache, stromlinienförmige Flieger zischt wie der Wind durch die Luft. Wirf ihn zum Start immer leicht nach oben und sieh zu, wie er davonzieht.

Dauer
5 Minuten

Schwierigkeitsgrad
Leicht

1 Falte ein Blatt Papier der Länge nach möglichst genau in der Mitte. Ziehe die Falte mit dem Fingernagel oder Lineal fest nach und klappe das Papier dann wieder auf.

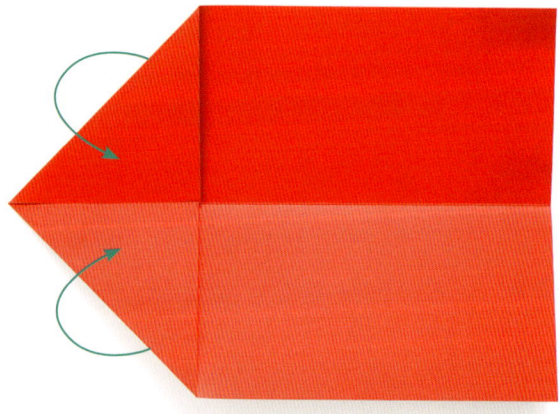

2 Falte nun zwei Ecken so, dass sie auf der Mittel-linie zusammentreffen. Zwischen ihnen muss ein winziger Spalt liegen, damit sich das Papier später wieder gut zusammenfalten lässt.

Die Faltungen zu beiden Seiten der Mittellinie sollten genau gleich aussehen.

Am Ende sollten einige Zentimeter verbleiben, die nicht gefaltet sind.

3 Falte dann eine Seite zur Mittellinie hin. Lass wieder einen winzigen Abstand zur Mittellinie, weil du das Papier bald erneut der Länge nach zusammenfalten musst.

4 Falte die andere Seite ebenso. Die Falten müssen symmetrisch sein und nah an der Mittellinie zusammentreffen. Sorge dafür, dass alle Falten fest nachgezogen sind.

Die beiden Seiten des Fliegers sollten genau gleich hoch sein.

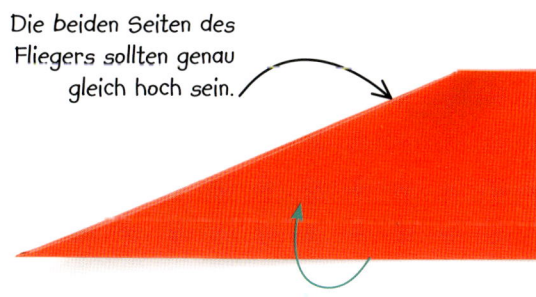

Die Falte muss genau horizontal und fest nachgezogen sein.

5 Falte das Papier nun der Länge nach zusammen, sodass die Faltungen im Inneren liegen. Die beiden Seiten sollten genau aufeinanderliegen. Ziehe alle Falten erneut fest mit dem Finger nach.

6 Klappe nun eine Seite herunter. Die Falte muss parallel zum Flugzeugboden sein und etwa bei der Hälfte des Fliegers liegen. Die andere Seite musst du genau gleich weit herunterklappen.

Die Flügel müssen symmetrisch sein.

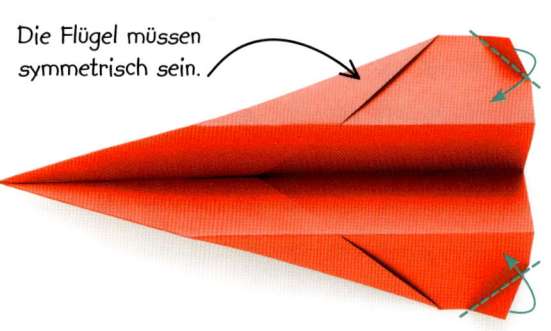

Drücke die Flügel in einen leichten Aufwärtswinkel, dann fliegt das Flugzeug stabiler.

Du kannst die oberen Kanten festkleben, wenn du möchtest.

7 Du hast es fast geschafft! Falte die Ecken nach oben. Sie drücken die Luft im Flug aufwärts, sodass die Nase des Fliegers nach oben und das Hinterteil nach unten weist.

Mit einer Papier-klemme kannst du den Flieger aufstellen.

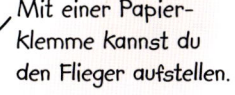

GLEITFLUGZEUG

Dieses Flugzeug musst du nur sanft aufwärts starten lassen, dann gleitet es durch die Luft. Es fliegt länger als der Flitzeflieger. Du brauchst ein wenig Geduld, weil es etwas kompliziert zu falten ist.

Dauer
10 Minuten

Schwierigkeitsgrad
Mittel

1 Falte ein Blatt Papier sorgfältig der Länge nach in der Mitte. Fixiere die Falte mit dem Fingernagel oder dem Lineal und klappe das Blatt dann wieder auf.

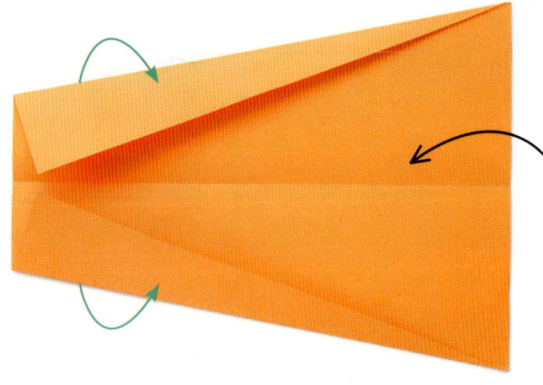

Dieser Bereich sollte auf beiden Seiten der Mittellinie genau gleich geformt sein.

2 Falte beide Ecken nach innen, sodass sie die Mittellinie berühren. Sie werden den Bug des Flugzeugs bilden. Die Falten sollten sich bis zur hinteren Ecke erstrecken.

3 Knicke etwa 1 cm der schmaleren Vorderseite um. Hier entsteht die Nase des Gleiters. Drücke die Falte mit dem Finger fest.

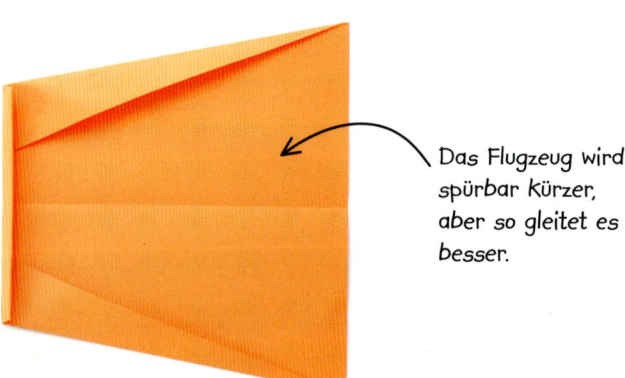

Das Flugzeug wird spürbar kürzer, aber so gleitet es besser.

4 Wiederhole Schritt 3 sechsmal und klappe die neue Falte jedes Mal über die vorherige. Du musst den gefalteten Bereich der Flügel fest darunterschieben, weil er sonst Falten wirft.

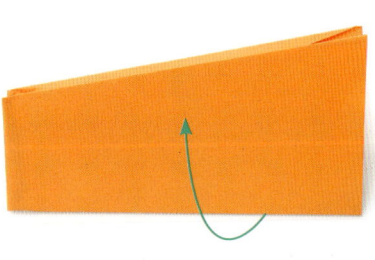

5 Klappe das Flugzeug vorsichtig zusammen. Es muss möglichst symmetrisch werden. Ziehe die Falten fest nach, besonders im Bereich der breiten Nase des Papierfliegers.

Stecke alle
gewellten Bereiche
möglichst fest
unter die Falte.

Achte darauf, dass
diese Linie gerade ist.

6 Klappe eine Seite etwa 2 cm vom unteren Rand entfernt um. Auch diese Falte musst du festdrücken, besonders im Bereich der Nase, wo das Papier nun sehr dick ist.

7 Gehe auf der anderen Seite ebenso vor und sorge dafür, dass alle Falten fest gezogen sind und dass der Gleiter symmetrisch ist. Du hast jetzt zwei Flügel.

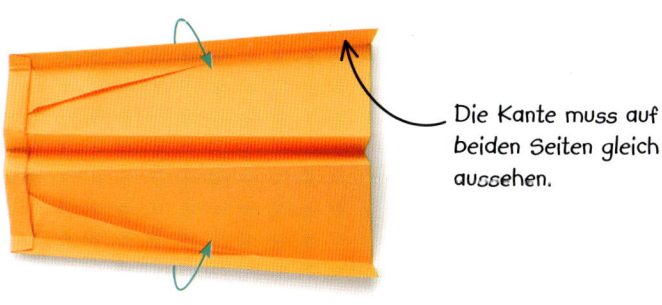

Die Kante muss auf
beiden Seiten gleich
aussehen.

Papierflieger von
Experten bleiben
im Zimmer
30 Sekunden lang
in der Luft.

8 Falte nun noch die Kanten der Flügel nach oben. Die Kanten müssen parallel zur Mittellinie sein. Falte sie exakt um und klappe sie dann ein wenig auf, sodass sie vertikal nach oben weisen.

Du solltest die Kanten
nach jedem Flug
kontrollieren, damit sie
immer vertikal stehen.

Wenn du möchtest,
kannst du die zwei
Seiten mit einem
Stück Klebeband
zusammenhalten.

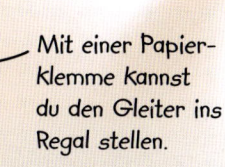

Die Falten machen
die Nase schwerer,
sodass der Flieger
in der Luft gut
ausbalanciert ist.

Mit einer Papier-
Klemme kannst
du den Gleiter ins
Regal stellen.

STUNTFLUGZEUG

Dieser Flieger hat zwei Klappen und ein Leitwerk. Durch die Änderung der Position dieser Steuerflächen kannst du das Flugzeug dazu bringen, sich zu drehen, zu steigen, zu fallen und sogar Loopings zu absolvieren.

Dauer
15 Minuten

Schwierigkeitsgrad
Schwer

1 Falte zuerst wieder ein Blatt Papier der Länge nach in zwei Hälften. Ziehe die Falte mit dem Fingernagel oder einem Lineal nach und klappe das Blatt wieder auf.

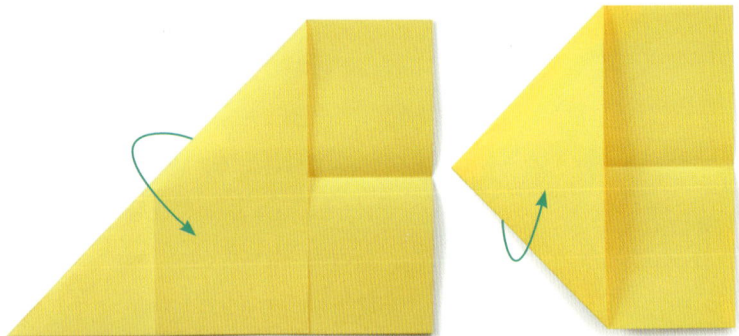

2 Falte eine Ecke zur anderen Seite und streiche die Falte fest. Falte dann die spitze Ecke so nach oben, dass du ein Dreieck erhältst. Klebe die offene diagonale Kante mit Klebeband fest.

3 Klappe nun die Spitze des Dreiecks um, sodass sie auf der langen Grundlinie des Dreiecks zu liegen kommt. Falte das Papier an der Mittellinie zusammen und streiche die Falte fest.

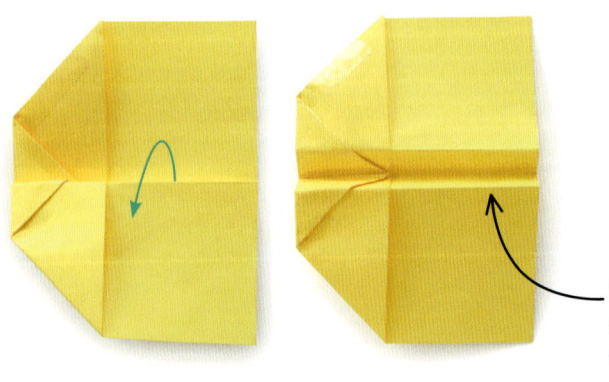

Der Flieger sollte zu beiden Seiten der Mittellinie symmetrisch sein.

Du solltest alle Falten gründlich nachziehen.

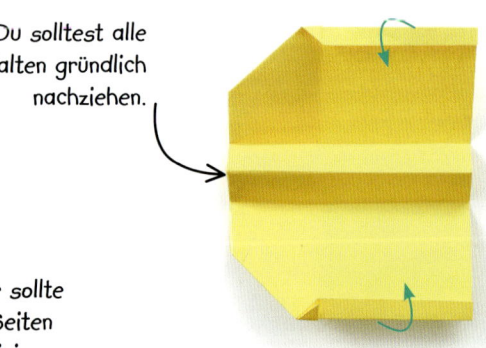

4 Falte für die Flügel eine Seite etwa 2 cm von der Mittellinie entfernt nach unten. Falte die zweite Seite ebenso und klappe beide Seiten wieder auf, sodass sie ausgebreitet daliegen.

5 Drehe das Flugzeug um und falte die Kante der beiden Flügel etwa 1 cm breit nach unten. Hebe die Kanten an, sodass sie rechtwinklig zur Flügelfläche stehen.

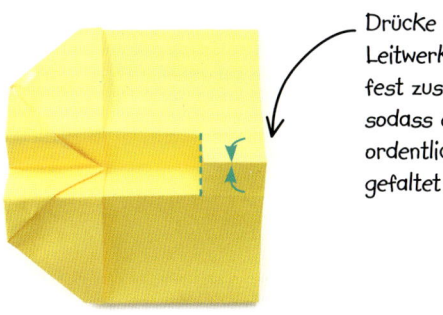

Drücke das Leitwerk oben fest zusammen, sodass es ordentlich gefaltet ist.

6 Schneide von unten etwa 2,5 cm vom hinteren Ende entfernt einen Schnitt von der Mittelfalte bis zur Basis der Flügel. Drücke die Falte nach oben. Das ist das Leitwerk.

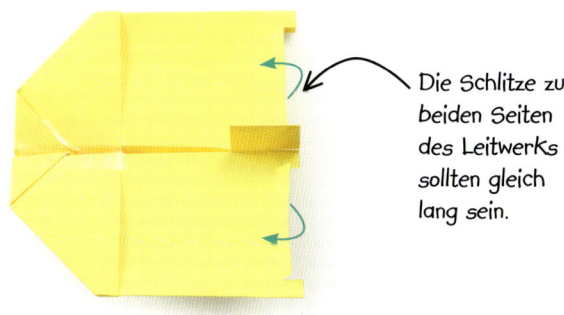

Die Schlitze zu beiden Seiten des Leitwerks sollten gleich lang sein.

7 Falte das Leitwerk nun so, dass es nach oben ragt. Klebe die Flügel zusammen, damit es geschlossen bleibt. Schneide Schlitze in die hintere Kante der Flügel und falte die entstandenen Klappen nach oben.

Wenn du das Leitwerk nach links oder rechts biegst, fliegt das Flugzeug in der Luft eine Kurve.

Klappst du eine Klappe hoch und die andere nach unten, dreht sich das Flugzeug.

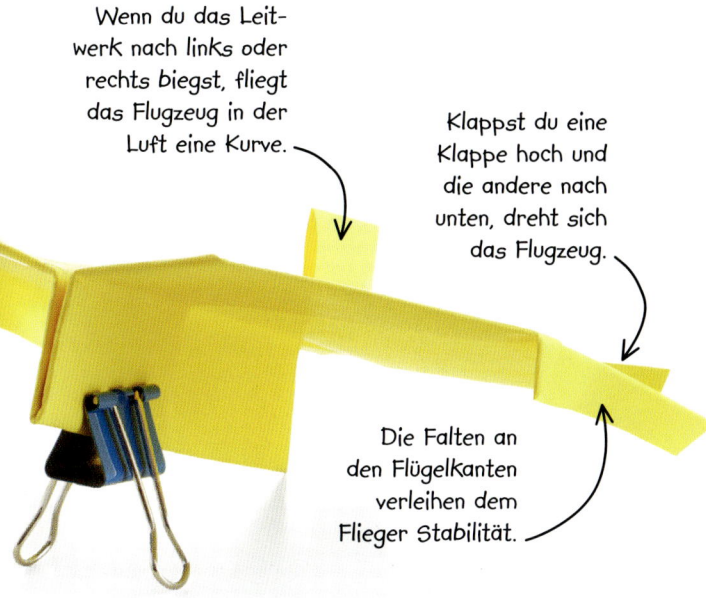

Die Falten an den Flügelkanten verleihen dem Flieger Stabilität.

SO FUNKTIONIERT'S

Vier Kräfte wirken auf fliegende Gegenstände ein: Schwerkraft, Auftrieb, Schub und Luftwiderstand. Der Flitzeflieger ist so schnell, weil die Luft ohne großen Widerstand an seiner Stromlinienform entlangströmt. Das Gleitflugzeug erhält wegen der großen Flügelfläche viel Auftrieb, sodass es lange in der Luft bleibt. Die Steuerflächen am hinteren Ende des Stuntflugzeugs verändern die Strömungsrichtung der Luft und erzeugen so Auftriebskräfte, die seitwärts- oder sogar abwärtsgerichtet sind, sodass der Flieger die Richtung ändert oder sich in der Luft dreht.

Luft, die über und unter den Flügeln entlangströmt, erzeugt Auftriebskraft, die den Papierflieger hebt.

Beim Start wird das Flugzeug von der sogenannten Schubkraft vorwärtsgetrieben.

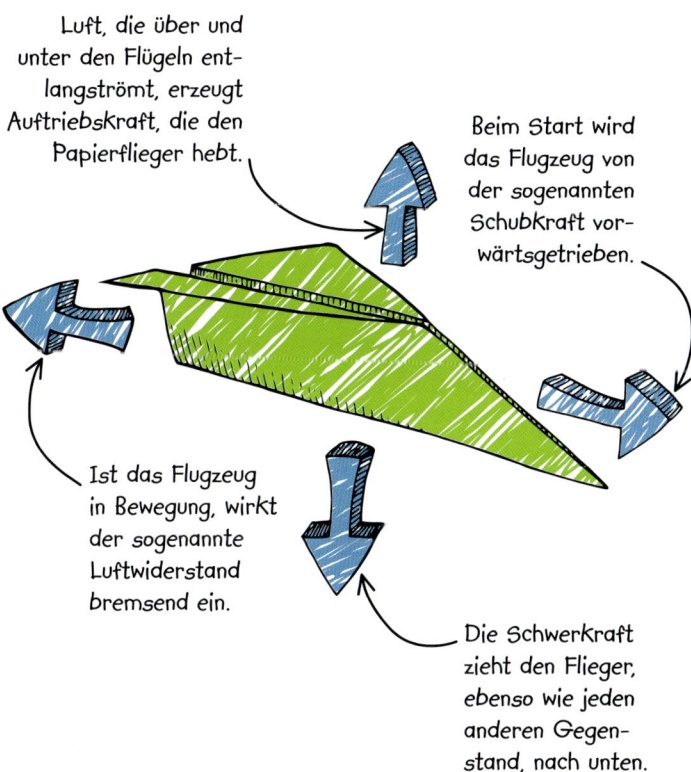

Ist das Flugzeug in Bewegung, wirkt der sogenannte Luftwiderstand bremsend ein.

Die Schwerkraft zieht den Flieger, ebenso wie jeden anderen Gegenstand, nach unten.

IN DER LUFTFAHRT
HÄNGEGLEITER

Steigt Warmluft auf, können Hängegleiter stundenlang in der Luft bleiben. Die aufsteigende Luft (Thermik) drückt gegen die Unterseite und gibt dem Gleiter Auftrieb. Zum Steuern verlagert der Pilot seinen Körper so, dass sich der Gleiter neigt oder kippt.

SENSATIONELLER LAUTSPRECHER

Hörst du gern mit dem Handy Musik, aber ärgerst dich manchmal, weil es nicht besonders schön klingt? Vielleicht beklagt sich deine Familie auch darüber, dass du deine Lieblingssongs so laut abspielst? Dieser tolle Smartphone-Lautsprecher ist die Lösung für beide Probleme. Er beseitigt nicht nur den „blechernen" Klang, sondern lenkt den Ton auch hauptsächlich auf deine Ohren. Die Musik klingt daher voller und besser und stört die anderen Personen im Zimmer nicht.

Du kannst die Farbe des Lautsprechers nach Belieben anpassen.

Dieser tolle Lautsprecher lässt sich aus Alltagsgegenständen bauen.

SIEHT GUT AUS UND KLINGT SOGAR NOCH BESSER

Der tragbare Lautsprecher in leuchtenden Farben für dein
Handy sieht auf dem Schreibtisch oder Nachttisch super aus!
Er braucht keine Batterien und muss auch nicht aufgeladen
werden. Worauf wartest du also? Baue den Lautsprecher und
starte deine Playlist! Aber denk daran: Stell den Lautsprecher
niemals direkt neben die Ohren, wenn die Musik auf voller
Lautstärke spielt, denn das schädigt das Gehör.

Smartphones
haben meist
unten eingebaute
Minilautsprecher.

SO BAUST DU EINEN
SENSATIONELLEN LAUTSPRECHER

Dieser klangvolle Lautsprecher ist gar nicht kompliziert zu basteln. Mit einer Röhre aus Pappe und ein paar Pappbechern bist du dabei. Zusätzlich brauchst du noch eine Schere. Bitte einen Erwachsenen dir beim Schneiden behilflich zu sein. Wenn du fertig bist, kannst du deine Musik lauter und klarer hören. Und das Beste daran ist: Du brauchst dafür kein Taschengeld auszugeben!

Dauer
20 Minuten plus Zeit zum Trocknen der Farbe

Schwierigkeitsgrad
Mittel

DU BRAUCHST:

Farben

Smartphone

2 Pappbecher

Pappröhre

Küchentücher

Filzstift

Schere

Pinsel

1 Zeichne in der Mitte der Pappröhre den Umriss der unteren Seite deines Handys nach. Schneide dann entlang der langen Seite und der beiden kurzen Seiten, sodass eine Klappe entsteht. Öffne die Klappe. Nun hast du eine Halterung für dein Handy.

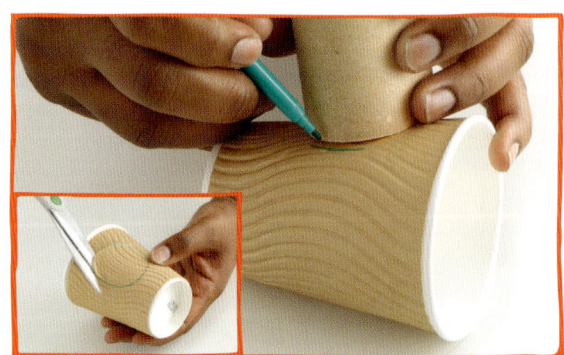

2 Setze ein Ende der Pappröhre in der Nähe des oberen Rands auf die Seitenwand eines Plastikbechers. Halte die Röhre fest und ziehe ihren Umriss mit dem Filzstift nach. Schneide den gezeichneten Kreis aus. Wiederhole dies mit dem anderen Becher.

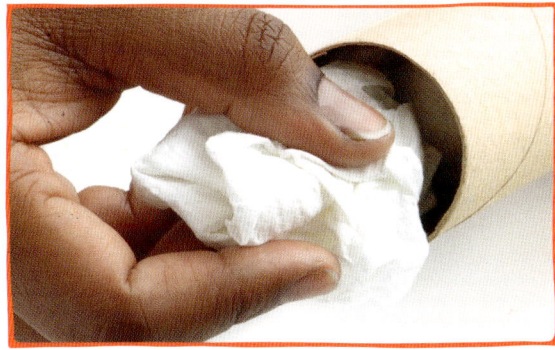

3 Reiße nun zwei Küchentücher ab und knülle sie locker zusammen. Schiebe je ein Tuch in die beiden Enden der Röhre. Das Papier nimmt einen Teil der hohen Töne auf, bevor sie aus der Röhre kommen, sodass die Musik ihren blechernen Klang verliert.

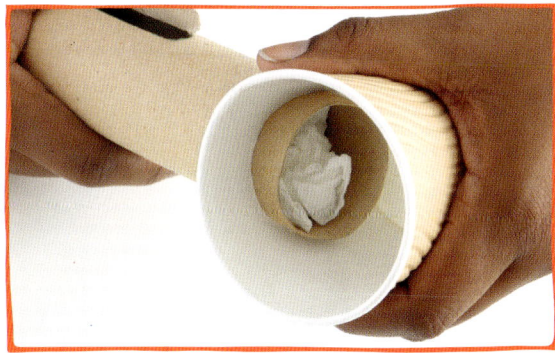

4 Schiebe ein Ende der Röhre ein Stück weit in das Loch in einem der Becher. Damit es fest sitzt, musst du vielleicht etwas kräftiger schieben. Das andere Ende der Röhre steckst du in den zweiten Pappbecher. Jetzt bist du fast fertig!

5 Du musst den Lautsprecher nur noch in deinen Lieblingsfarben anmalen. Sobald die Farbe trocken ist, kannst du dein Handy so in den Schlitz stecken, dass die Lautsprecher in der Röhre sind. Dann lehn dich zurück und genieße die Musik.

SO FUNKTIONIERT'S

Beim Smartphone kommt der Ton aus winzigen Lautsprechern, die vibrieren und die Luft in Bewegung versetzen, sodass sich die Schallwellen in alle Richtungen ausbreiten. Steckst du dein Telefon aber in den Lautsprecher, werden die Schallwellen in der Röhre und im Becher reflektiert, sodass sich der Klang fast nur nach vorn, in Richtung deiner Ohren, ausbreitet. Die Papiertücher halten die hohen Töne auf, die tieferen dringen hindurch. Auf diese Weise entsteht ein klarer, angenehmer Klang.

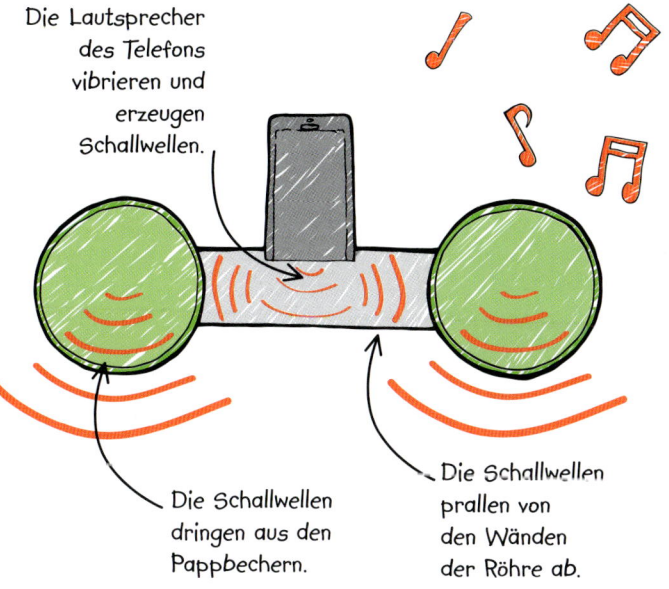

Die Lautsprecher des Telefons vibrieren und erzeugen Schallwellen.

Die Schallwellen dringen aus den Pappbechern.

Die Schallwellen prallen von den Wänden der Röhre ab.

IN DER MUSIK
KONZERTLAUTSPRECHER

Bei Konzerten stehen leistungsstarke Lautsprecher auf beiden Seiten der Bühne. Darin vibriert ein Pappkegel, der von den elektrischen Signalen der Instrumente auf der Bühne – z. B. der Elektrogitarren – in Bewegung versetzt wird. So entstehen Schallwellen, die sich in alle Richtungen ausbreiten. Einige der Wellen prallen von der Rückwand der Lautsprecher ab und breiten sich dann nach vorn, in Richtung des Publikums, aus.

PLANETEN AUS GUMMIBAND

Wir leben auf dem Planeten Erde, der einen Stern umkreist, den wir Sonne nennen. Es kreisen noch sieben weitere Planeten um die Sonne. Einige sind größer, andere kleiner als die Erde. Die vier sonnennächsten Planeten, einschließlich der Erde, bestehen aus Gestein. Die äußeren Planeten bestehen dagegen hauptsächlich aus Gas. Alle Planeten, die Sonne und viele kleinere Himmelskörper, z. B. die Monde, bilden zusammen das Sonnensystem. Du kannst wunderschöne Modelle der acht Planeten basteln, die ihre relative Größe und Farbe darstellen.

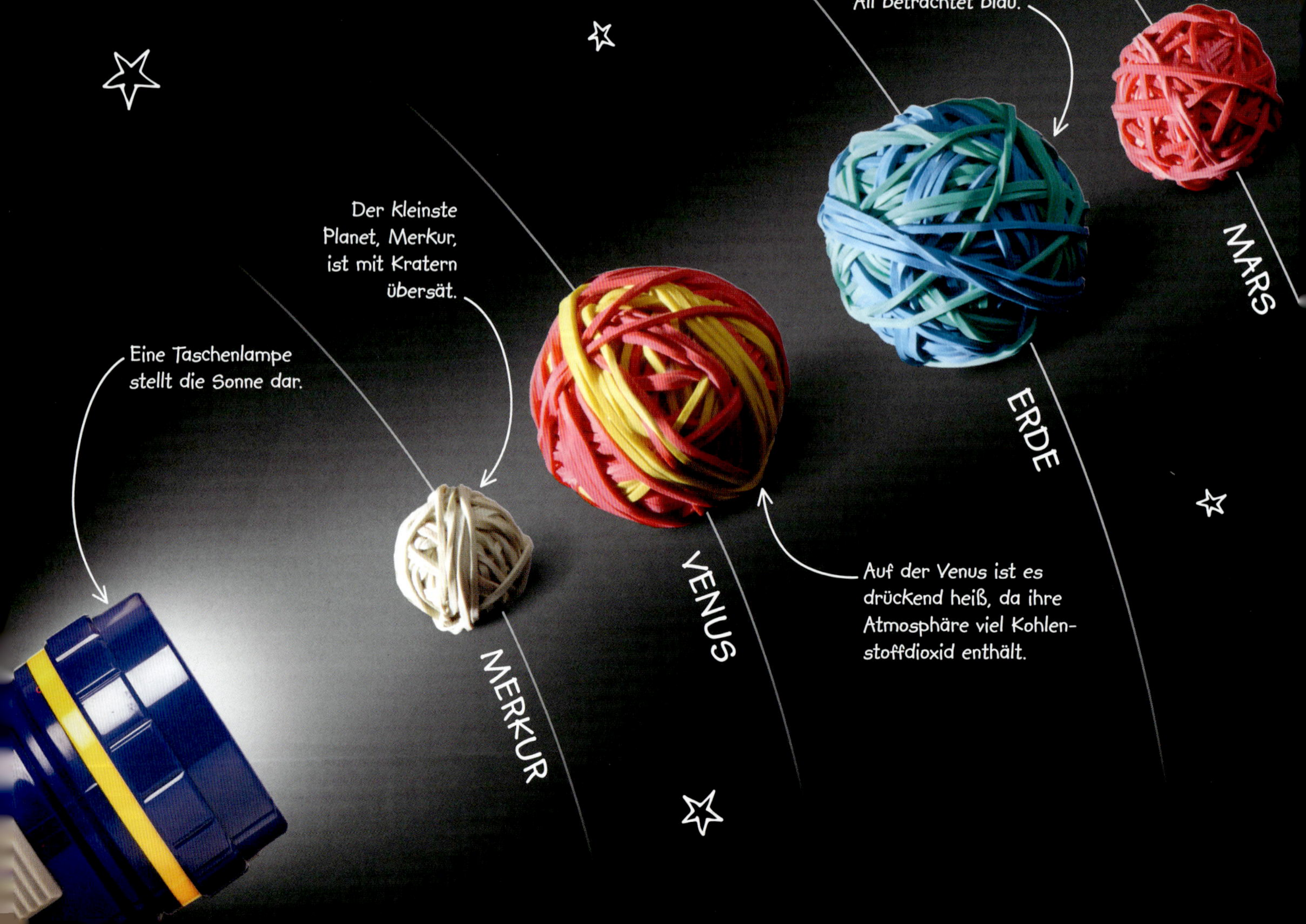

Mars ist mit eisen-reichem, rotem Staub bedeckt. Deshalb heißt er auch der „Rote Planet".

Die Oberfläche der Erde ist zu 70 Prozent mit Wasser bedeckt. Deshalb erscheint sie aus dem All betrachtet blau.

Der kleinste Planet, Merkur, ist mit Kratern übersät.

Eine Taschenlampe stellt die Sonne dar.

Auf der Venus ist es drückend heiß, da ihre Atmosphäre viel Kohlen-stoffdioxid enthält.

MARS

ERDE

VENUS

MERKUR

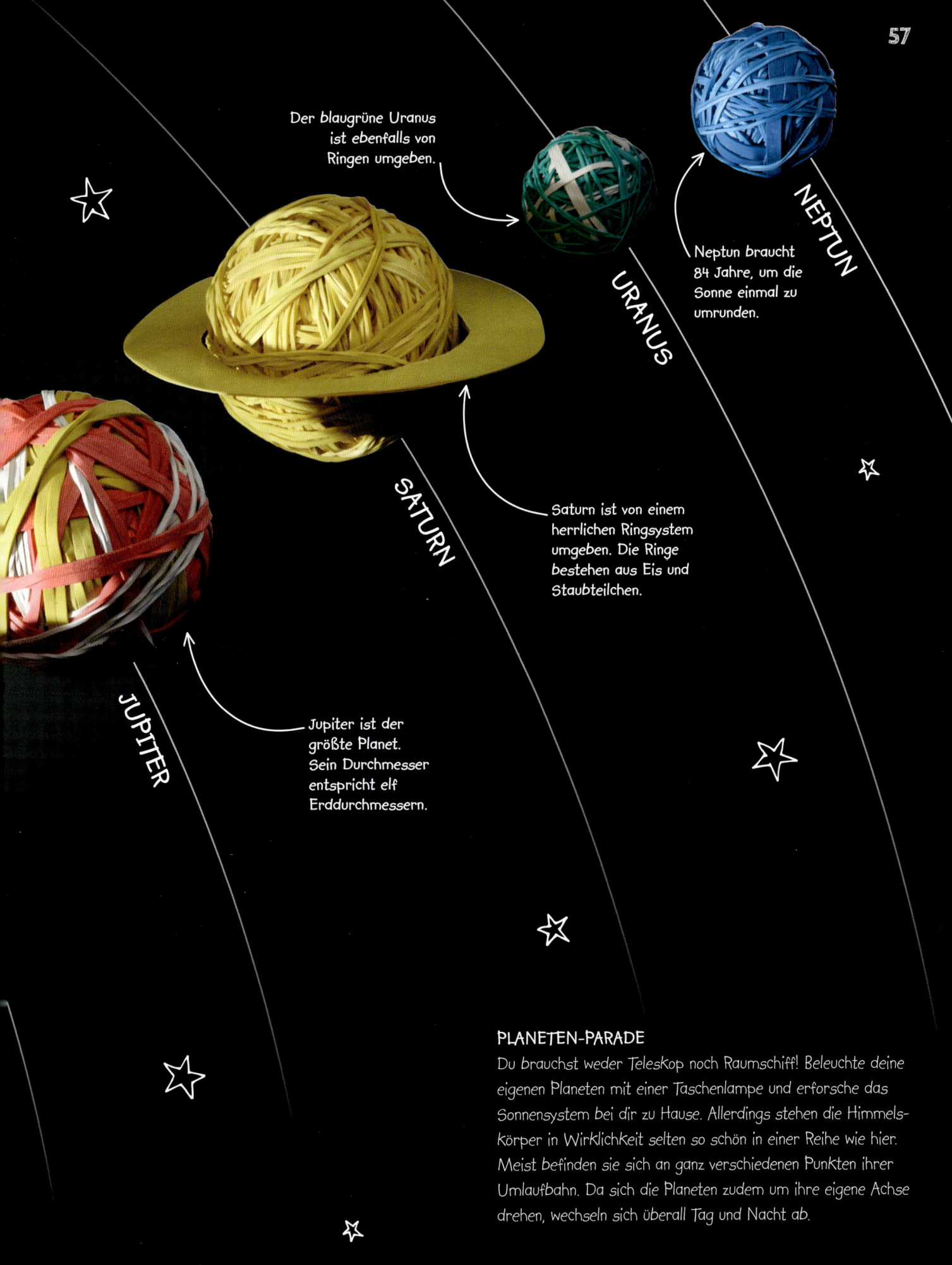

Der blaugrüne Uranus ist ebenfalls von Ringen umgeben.

NEPTUN

Neptun braucht 84 Jahre, um die Sonne einmal zu umrunden.

URANUS

SATURN

Saturn ist von einem herrlichen Ringsystem umgeben. Die Ringe bestehen aus Eis und Staubteilchen.

JUPITER

Jupiter ist der größte Planet. Sein Durchmesser entspricht elf Erddurchmessern.

PLANETEN-PARADE

Du brauchst weder Teleskop noch Raumschiff! Beleuchte deine eigenen Planeten mit einer Taschenlampe und erforsche das Sonnensystem bei dir zu Hause. Allerdings stehen die Himmels-körper in Wirklichkeit selten so schön in einer Reihe wie hier. Meist befinden sie sich an ganz verschiedenen Punkten ihrer Umlaufbahn. Da sich die Planeten zudem um ihre eigene Achse drehen, wechseln sich überall Tag und Nacht ab.

SO MACHST DU
PLANETEN AUS GUMMIBAND

Für dieses Modell des Sonnensystems brauchst du sehr viele bunte Gummibänder. Es gibt sie aber sehr günstig in großen Packungen zu kaufen. Die Planeten bastelst du der Reihe nach entsprechend ihres Abstands von der Sonne, sodass du dir ihre Namen und Positionen gut merken kannst. Die Modelle sind nicht maßstabsgetreu, aber sie vermitteln dir eine gute Vorstellung davon, in welchem Größenverhältnis sie zueinander stehen.

DU BRAUCHST:

Gelbe Gummibänder
Grüne Gummibänder
Rote Gummibänder
Weiße Gummibänder
Blaue Gummibänder

Taschenlampe

Gelben Karton oder gelbes Tonpapier

Schere

40 Blätter DIN-A4-Papier

Dauer
90 Minuten

Schwierigkeitsgrad
Mittel

Forme die Papierkugel möglichst rund und knülle sie fest zusammen.

1 Den Kern jedes Planeten bildet ein fest zusammengeknülltes Blatt Papier. Für kleine Planeten genügt 1 Blatt oder sogar nur ein Teil davon. Für die größeren knüllst du ein Blatt fest zusammen und wickelst nach Bedarf noch weitere Blätter darum.

2 Für Merkur knüllst du am besten nur ein Viertel eines Blatts Papier zusammen. Spanne weiße Gummibänder fest um die Kugel herum. Wickle sie von allen Seiten um den Planeten, bis das Papier nicht mehr sichtbar ist.

Wickle Gummibänder
von allen Richtungen
um die Kugel, damit
sie ganz bedeckt wird.

Alle Planeten
drehen sich
in derselben
Richtung um
die Sonne.

Die Erde ist der
einzige bekannte
Planet, auf dem
Leben existiert.

3 Mach die Venus aus 1 Blatt Papier und gelben und roten Gummibändern. Die Venus ist rötlich-braun. Ihre Oberfläche aus Gestein liegt unter dichten gelblichweißen Wolkenschichten verborgen, die aus lauter giftigen Gasen bestehen.

4 Nun folgt unser Planet, die Erde. Sie ist etwa so groß wie die Venus und braucht daher auch nur 1 Blatt Papier. Nimm überwiegend blaue Gummibänder für die Ozeane und ein paar grüne für die Landflächen.

Wenn du braune
Gummibänder
hast, kannst du sie
auch verwenden.

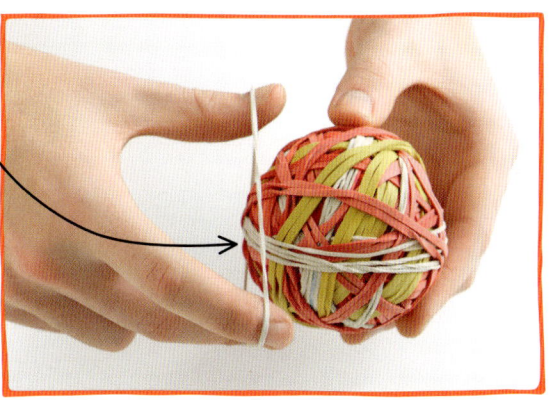

5 Wir kommen zum Mars, der nur rund halb so groß ist wie die Erde. Forme eine Kugel aus einem halben Blatt Papier und wickle rote Gummibänder darum. Mars wird der „Rote Planet" genannt, weil er mit rotem Staub bedeckt ist.

6 Der größte Planet im Sonnensystem ist Jupiter. Für seine Kugel brauchst du 6 Blätter Papier. Mit roten, gelben und weißen Gummibändern kannst du die farbigen Streifen der dichten Atmosphäre auf Jupiter am besten nachbilden.

7 Der gelbbraune Saturn ist der zweitgrößte Planet. Ihn machst du aus 5 Blättern Papier und gelben Gummibändern. Der Saturn ist berühmt für seine Ringe, die aus Gesteinsbrocken und Eis bestehen. Schneide einen Ring aus gelbem Papier aus, der um die Kugel passt.

8 In Wirklichkeit berühren die Ringe den Saturn nicht, aber den Ring aus Tonpapier oder Karton musst du genau anpassen, damit er nicht abrutscht.

Die Ringe bewegen sich in sehr hohem Tempo.

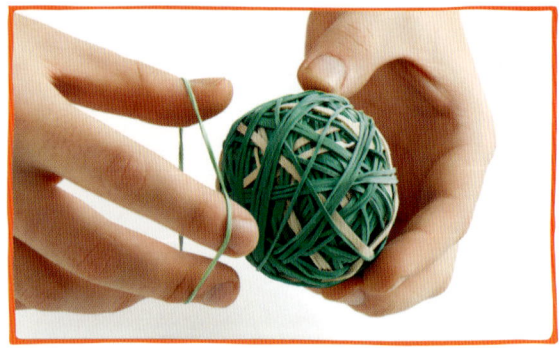

9 Noch weiter von der Sonne entfernt ist der Planet Uranus. Er ist viel größer als die Erde, aber nicht so groß wie Jupiter oder Saturn. Seine dichte Atmosphäre ist grün-blau. Verwende für ihn 4 Blätter Papier und grüne und weiße Gummibänder.

10 Der Planet Neptun ist am weitesten von der Sonne entfernt. Da er etwas kleiner ist als Uranus, brauchst du für ihn nur 3 Blätter Papier. Neptuns Atmosphäre, die vor allem aus Methangas besteht, sieht blau aus. Daher solltest du blaue Gummibänder verwenden.

11 Jetzt, da die Modelle aller Planeten fertig sind, solltest du sie in einer Reihe anordnen, von Merkur bis Neptun. Verdunkle das Zimmer und verwende eine Taschenlampe als Sonne, die die Planeten anstrahlt.

Bis das Licht Neptun erreicht, braucht es mehr als 4 Stunden.

Das Licht der Sonne erhellt immer nur eine Hälfte der Planeten.

Das Licht der Sonne erreicht die Erde erst nach 8 Minuten.

NOCH EINE IDEE

Du kannst aus den Planeten auch ein Mobile bauen und es in dein Zimmer hängen. Dazu musst du noch ein Modell der Sonne anfertigen. Ihr Durchmesser ist in Wirklichkeit über hundertmal so groß wie der der Erde. Bastle die Sonne daher aus 15 Blättern Papier und gelben Gummibändern.

1 Lege zwei Drahtkleiderbügel kreuzweise ineinander und binde sie oben und unten mit Angelschnur oder Klebeband zusammen. Wickle etwa 30 cm Angelschnur um die Sonne und die Planeten, damit sie gut befestigt sind.

2 Knote das freie Ende jeder Angelschnur an die Kleiderbügel, sodass Sonne und Planeten in verschiedener Höhe hängen. Die Sonne muss dabei im Zentrum sein. Lass dir beim Aufhängen des Mobiles von einem Erwachsenen helfen.

SO FUNKTIONIERT'S

Die Planeten sind riesige Himmelskörper, die durch das Weltall rasen. Merkur kreist am schnellsten. Seine Durchschnittsgeschwindigkeit liegt bei über 170 000 km/h. Trotz der hohen Geschwindigkeit schießen die Planeten aber nicht geradeaus in den Weltraum hinaus, sondern bleiben auf ihrer Umlaufbahn. Das kommt daher, dass die Schwerkraft der Sonne sie festhält. Das ist dieselbe Kraft, die dafür sorgt, dass du zurück auf den Boden fällst, wenn du in die Luft springst. Alle Himmelskörper, einschließlich der Planeten, bewegen sich auf elliptischen Bahnen. Auch der Mond und alle Satelliten werden von der Schwerkraft der Erde auf ihrer Umlaufbahn gehalten.

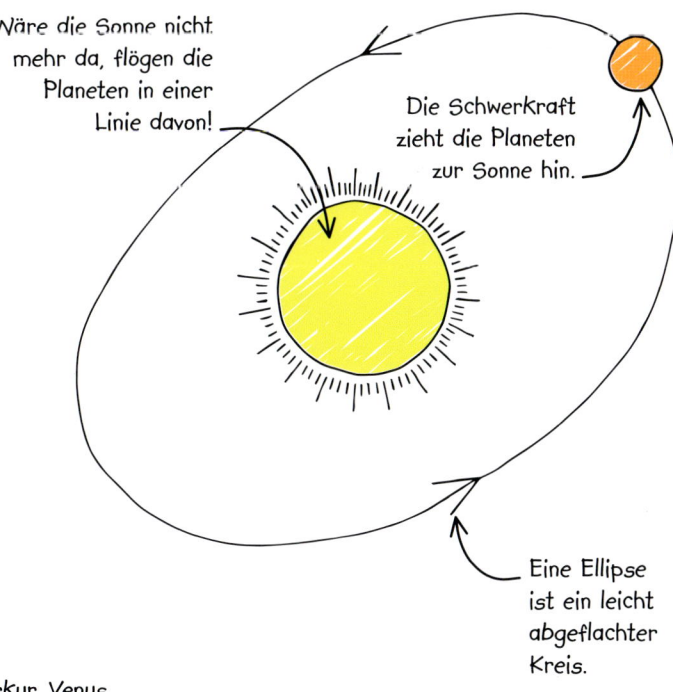

Wäre die Sonne nicht mehr da, flögen die Planeten in einer Linie davon!

Die Schwerkraft zieht die Planeten zur Sonne hin.

Eine Ellipse ist ein leicht abgeflachter Kreis.

IN DER ASTRONOMIE
ENTFERNUNG ZUR SONNE

Die Entfernungen im Sonnensystem sind riesig. Wenn du die Gummi-Erde im richtigen Abstand zur Sonne anordnen möchtest, musst du sie 250 m von der Taschenlampe entfernen! Je weiter die Planeten von der Sonne entfernt sind, desto größer werden auch die Abstände zwischen ihnen.

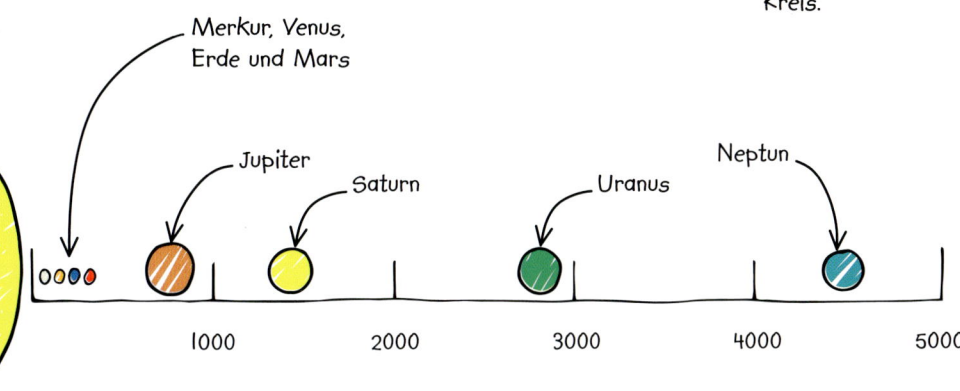

Merkur, Venus, Erde und Mars

Jupiter

Saturn

Uranus

Neptun

1000   2000   3000   4000   5000

Abstände in Millionen Kilometer

FUNKELNDES KALEIDOSKOP

Hier siehst du ein unendliches, leuchtend buntes Farbenspiel – ganz ohne Batterien! Es ist
ein Kaleidoskop – eine Röhre, in die du wie in ein Teleskop hineinschaust. Darin
befinden sich am anderen Ende Spiegel und viele farbige Gegenstände.
Aus einer Röhre aus Pappe, einer Plastikmappe und einer
Handvoll bunter Perlen kannst du dir selbst ein
solches Kaleidoskop basteln.

Wird das Kaleidoskop
gedreht, ändert sich
das Muster. Es ist nie
genau gleich!

Gib einfach alle Perlen hinein, die du findest. Je bunter, desto eindrucksvoller ist die Wirkung.

GESPIEGELTES FARBENSPIEL

Die wunderschönen Muster im Kaleidoskop entstehen, wenn Licht durch die bunten Gegenstände an einem Ende fällt und dann von spiegelnden Oberflächen zurückgeworfen wird. In einem gekauften Kaleidoskop werden dazu Spiegel verwendet, aber die Plastikfolie in deinem selbst gebauten Kaleidoskop sorgt ebenfalls für ein herrliches Farbenspiel.

SO MACHST DU EIN

FUNKELNDES KALEIDOSKOP

Die Papprohre aus einer Rolle Küchentücher hat genau die richtige Größe für ein Kaleidoskop. In die Röhre musst du drei spiegelnde Scheiben einsetzen, die du aus einem Plastikordner ausschneiden kannst. Falls du Spiegelkarten zur Hand hast, ist das natürlich auch sehr gut. Richte das fertige Kaleidoskop gegen eine Lampe oder das Fenster, dann kannst du besser sehen, aber denk daran, niemals direkt damit in die Sonne zu blicken, denn das schadet den Augen sehr.

Dauer
30 Minuten

Schwierigkeitsgrad
Schwer

DU BRAUCHST:

Klebeband

Stift

Schere

Bunte Perlen

Pappröhre

Buntes Papier

Mappe aus durch-sichtigem Kunststoff

Lineal

Frischhaltefolie

Butterbrotpapier

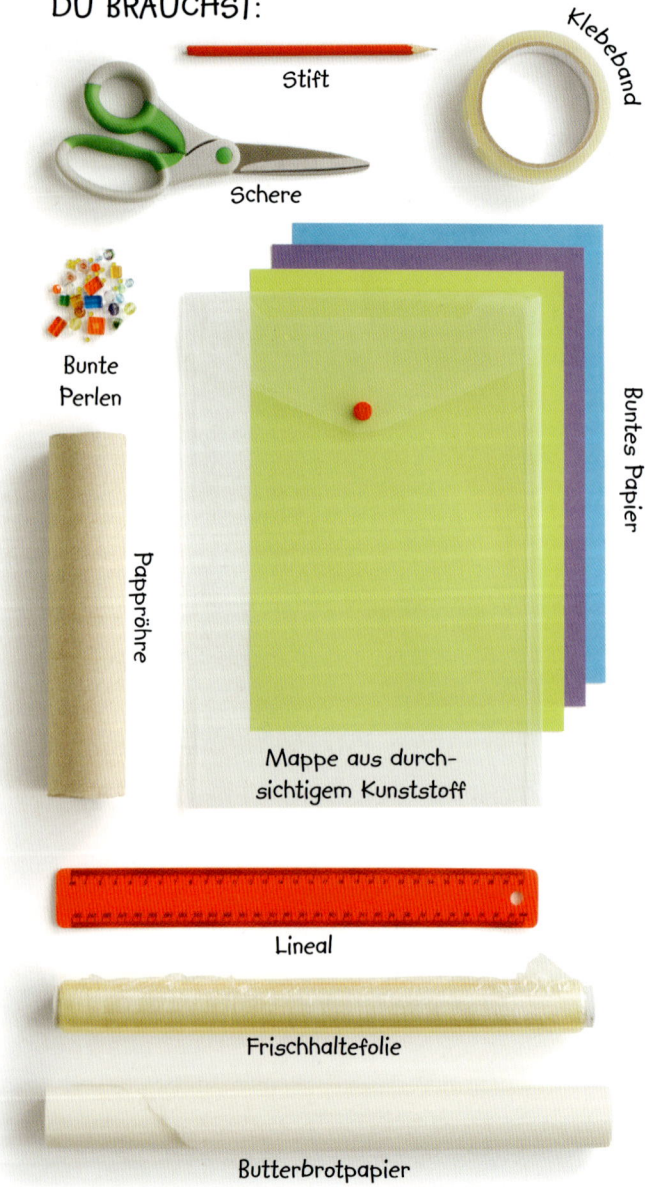

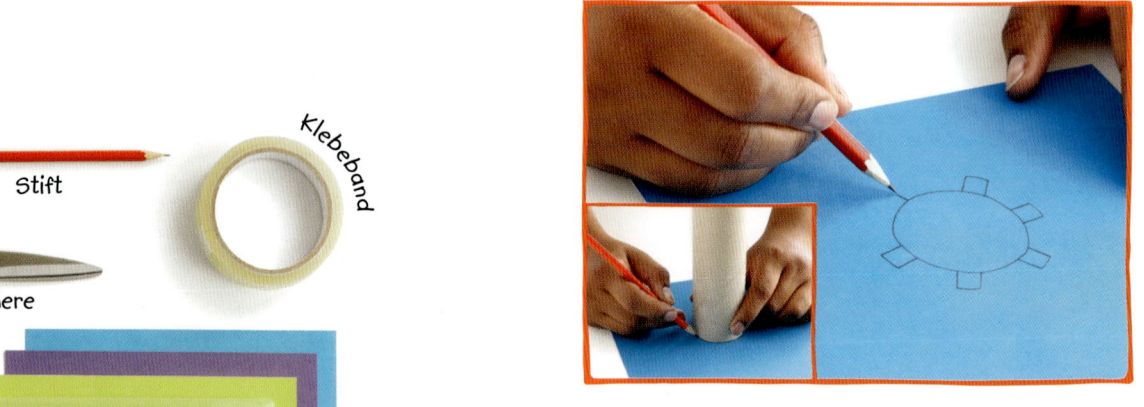

1 Stell die Pappröhre aufrecht auf ein buntes Blatt Papier und ziehe den Umriss nach. Lege die Röhre zur Seite und zeichne noch sechs Laschen in gleichen Abständen rundherum. Schneide den Kreis mit den Laschen vorsichtig aus.

Das Loch soll etwa 0,5 cm Durchmesser und einen glatten Rand haben.

2 Lege den Kreis über das eine Ende der Röhre und klebe die Laschen mit Klebeband fest. Bohre mit der Bleistiftspitze ein Loch in die Mitte des Kreises. Miss die Länge der Röhre und den Durch-messer des Kreises aus.

3 Zeichne auf die Plastikfolie der Mappe ein Rechteck, das so lang und 2,5-mal so breit ist wie die Röhre. Teile das Rechteck dann mit zwei Linien in drei gleiche Teile. Zeichne auf einer Seite außerdem eine schmale Lasche.

4 Schneide das Rechteck aus und drücke die beiden Linien mit der Schere fest ein. Benutze dabei das Lineal. Falte das Rechteck entlang der eingedrückten Linien zu einem dreieckigen Prisma. Klebe es an der Lasche mit Klebeband zu.

5 Führe das Prisma so in die Papprohre ein, dass es auf dem Papierkreis am anderen Ende aufliegt. Es müsste genau passen. Wenn nicht, klebe es mit kleinen Streifen Klebeband an der Papprohre fest.

6 Lege ein Stück Frischhaltefolie locker über das offene Ende der Röhre und klebe es mit Klebeband fest. Lege ein paar bunte Perlen darauf.

7 Schneide einen Kreis aus Butterbrotpapier aus, der breiter ist als die Röhre. Lege ihn über die Perlen, schneide Schlitze in die Kante und klebe ihn fest.

8 Nun kannst du die Röhre noch verzieren. Wenn du durch das Loch im Papierkreis blickst, die Röhre zum Fenster oder zur Lampe richtest und sie drehst, siehst du ein wunderbares Farbenspiel!

SO FUNKTIONIERT'S

Das Zentrum des Musters, das du mit dem Kaleidoskop erzeugst, bildet das mit Perlen gefüllte Dreieck am Ende der Röhre. Dies siehst du direkt, weil ein Teil des Lichts, das durch die Perlen fällt, geradewegs durch die Röhre wandert. Die Reflexionen um das Dreieck entstehen durch Licht, das von den spiegelnden Flächen im Prisma zurückgeworfen wird. Jede Fläche wirkt wie ein Spiegel, der die Richtung des Lichts verändert. So scheint es, als käme das Licht von der Rückseite des Spiegels her.

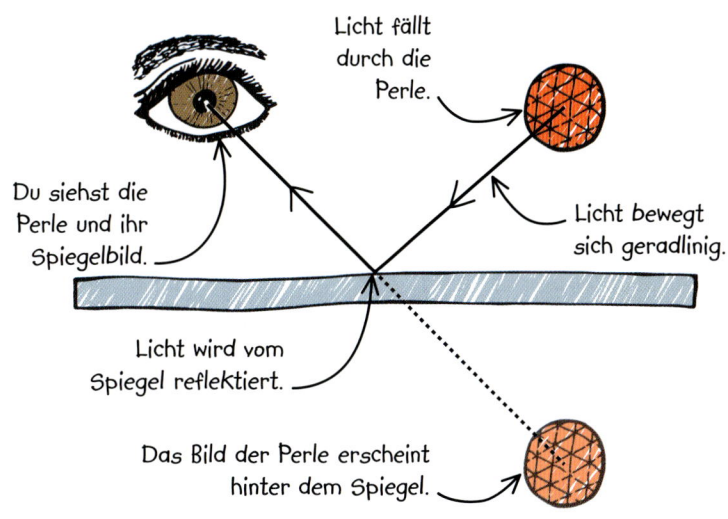

Licht fällt durch die Perle.

Du siehst die Perle und ihr Spiegelbild.

Licht bewegt sich geradlinig.

Licht wird vom Spiegel reflektiert.

Das Bild der Perle erscheint hinter dem Spiegel.

BALLON-RAKETEN-AUTO

Du kannst ein Auto bauen, das nur von ein paar Luftstößen angetrieben wird. Der Antrieb funktioniert wie bei einem Düsenflugzeug oder einer Weltraumrakete: Ein starker Luftstrom strömt aus einem Luftballon am hinteren Ende des Autos und schiebt es vorwärts. Blase einen Ballon auf und probiere aus, wie schnell und weit das Auto fährt.

Denk dir eine windschnittige Form aus, mit der das Auto noch schneller fährt.

Der dehnbare Ballon drückt die Luft zusammen und hält so den Innendruck aufrecht.

Die nach hinten strömende Luft treibt das Auto vorwärts.

Räder stabilisieren das Auto, weil sie gut am Boden haften.

DAS RENNEN GEHT LOS!

Baue die Autos mit deinen Freunden zusammen und veranstaltet dann Rennen. Dazu kannst du sogar eine Rennstrecke entwerfen. Sie muss gerade sein, denn ihr könnt nicht lenken. Wird dein Auto als Erstes die Ziellinie passieren? Was meinst du: Wie könntest du das Auto noch schneller machen, damit es noch weiter fährt?

SO MACHST DU EIN
BALLON-RAKETENAUTO

Die Karosserie des Autos besteht aus Pappkarton. Du musst sie vorsichtig ausschneiden, damit der Karton nicht verbogen und faltig wird. Du bestimmst die Form des Autos selbst, die Anleitung hier ist nur ein Vorschlag. Denk aber daran, dass du beim Anmalen eine Zeitung unterlegst oder an einen Ort gehst, an dem du kleckern darfst.

Dauer
30 Minuten plus die Zeit zum Trocknen der Farbe

Schwierigkeitsgrad
Mittel

DU BRAUCHST:

Schere

Stift

2 Holzspieße

3 biegsame Strohhalme

Pinsel

4 Flaschenverschlüsse

Farben (wähle deine Lieblingsfarben)

Luftballon

Klebeband

Doppelseitiges Klebeband

Karton

Ein etwas kleineres Stück

Ein größeres Stück von etwa 30 x 20 cm

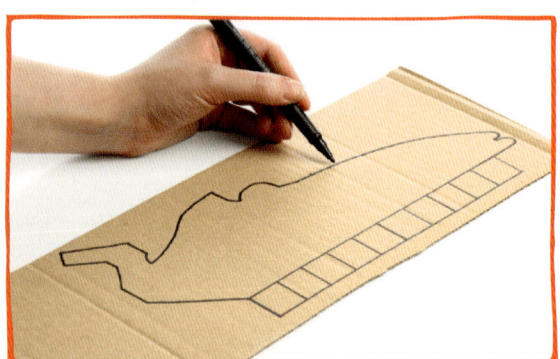

1 Zeichne die Form des Autos auf das größere Stück Karton. Lass unter der Form genug Platz für eine Reihe Rechtecke von je etwa 2 cm Breite. Damit es ordentlich aussieht, kannst du ein Lineal verwenden. Diese Reihe bildet die Laschen, mit denen das Auto auf den unteren Teil geklebt wird.

2 Schneide die ganze Form mit der Schere aus. Die Linien zwischen den Laschen kannst du entweder jetzt schneiden, oder nachdem du das Auto angemalt hast. Wenn du wartest, dann male später möglichst nicht über die Linien, denn sie werden umgeknickt und an den Boden geklebt.

Mit einem Lineal werden die Ränder des Bodens schön gerade.

3 Nun brauchst du einen Boden für dein Auto. Zeichne ein Rechteck und schneide es aus. Die Längsseite muss so lang sein wie die Gesamtlänge der Laschen, die du in Schritt I gezeichnet hast. Die Breite sollte etwa 3 cm betragen.

4 Die 4 Flaschenverschlüsse bilden die Räder. Bohre in jedes Rad mit dem spitzen Ende eines Holzstabs oder einer Schere genau in der Mitte ein Loch. Schütze deine Finger und die Arbeitsfläche mit einem Klumpen Knetmasse. Fällt es dir schwer, solltest du einen Erwachsenen um Hilfe bitten.

5 Male die Einzelteile an, bevor du das Auto zusammenbaust. Die Farbe bleibt dir überlassen, aber wenn es realistisch aussehen soll, musst du beide Seiten der Karosserie anmalen. Lege Zeitungspapier unter, damit nichts schmutzig wird.

Vielleicht musst du mehrere Farbschichten auftragen, bis dir die Farbe gefällt.

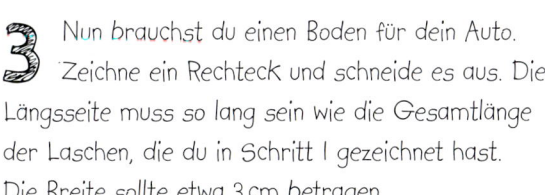

Den Boden brauchst du nur auf der Oberseite anzumalen.

Du kannst auch die Räder anmalen.

Lege den Stroh-
halm über den
Autoboden, damit
die Länge stimmt.

6 Nimm einen Strohhalm und schneide ihn in
zwei Teile, die so lang sind, wie der Autoboden
breit ist. Die Achsen werden durch sie hindurch-
geführt, sodass sich die Räder frei drehen können.

7 Klebe die Strohhalme mit Klebeband am
Boden fest, und zwar etwa 2–3 cm von den
beiden Enden entfernt. Sie sollten genau im rechten
Winkel (90 Grad) zur langen Kante liegen.

Achte auf deine
Finger! Die
Enden der Achse
sind vielleicht
zersplittert.

Pass auch auf die
Holzstäbe auf,
denn sie schnappen
manchmal hoch,
wenn sie brechen.

8 Schneide zwei Stücke von den Holzstäben ab,
die etwa doppelt so lang sind wie die Strohhalme. An einem Ende sollte jeweils eine Spitze sein.
Das sind die Achsen. Mit der Schere solltest du
immer vorsichtig umgehen und langsam arbeiten.

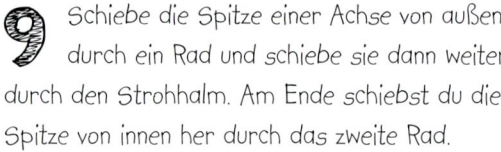

9 Schiebe die Spitze einer Achse von außen
durch ein Rad und schiebe sie dann weiter
durch den Strohhalm. Am Ende schiebst du die
Spitze von innen her durch das zweite Rad.

10 Zur Sicherheit
kannst du die
Spitze nun abschneiden.
Wiederhole Schritt 9 für
die andere Achse. Sei
beim Durchstechen der
Räder sehr vorsichtig!
Wenn du möchtest,
kannst du die Enden der
Achsen mit Klebeband
umwickeln, damit die
Räder nicht herunterfallen.

Der Boden
eines Formel-1-
Wagens ist aus
leichter, harter
Kohlenstoff-
faser.

11 Schneide nun die Laschen an der Oberseite aus, wenn du es noch nicht getan hast. Knicke sie abwechselnd auf beide Seiten um. Beklebe dann jede Lasche mit doppelseitigem Klebeband und klebe sie fest an den Autoboden mit den Rädern.

Statt Klebeband kannst du auch Flüssigklebstoff verwenden.

Knicke die Laschen vorsichtig um, damit sie nicht abreißen.

Prüfe, ob sich die Räder frei drehen können.

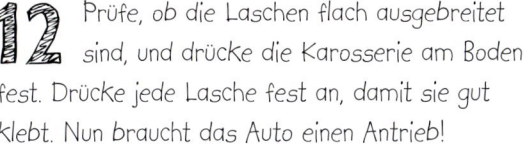

Schneide möglichst nah am Ende des Ballons.

12 Prüfe, ob die Laschen flach ausgebreitet sind, und drücke die Karosserie am Boden fest. Drücke jede Lasche fest an, damit sie gut klebt. Nun braucht das Auto einen Antrieb!

13 Schneide das Ende des Ballons ab. Die Antriebskraft liefert die Luft, die aus dem Ballon strömt. Du bläst deine Atemluft in den Ballon. Dort wird sie gespeichert und zusammengepresst. Am Ende entweicht sie und strömt nach hinten.

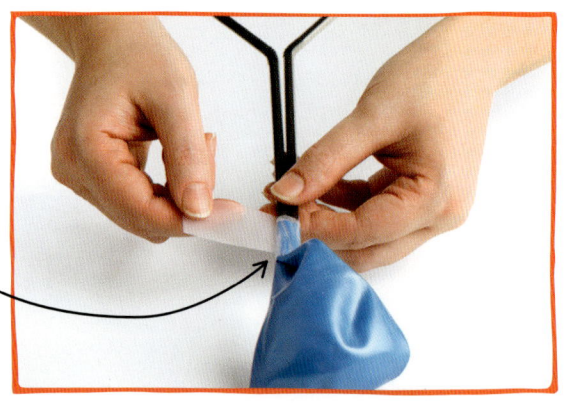

Klebe den Hals des Ballons fest zu, denn sonst kann Luft entweichen.

14 Stecke die langen Enden zweier biegsamer Strohhalme in das Loch des Ballons und wickle etwas Klebeband darum. Sorge dafür, dass der Luftballonhals fest angeklebt ist, damit keine Luft entweichen kann.

15 Schiebe die Strohhalme so über das Heck des Autos, dass es zwischen ihnen eingeklemmt ist, und befestige sie mit Klebeband. Biege die kurzen Enden der Halme wie Auspuffrohre nach hinten und klebe sie mit Klebeband zusammen.

16 Das Auto ist fertig! Halte den Ballonhals zwischen Daumen und Zeigefinger einer Hand und blase in die Strohhalme. Wenn der Ballon aufgeblasen ist, drückst du den Ballonhals zusammen, um die Luft festzuhalten. Stell das Auto auf eine gerade Fläche und lass es losfahren!

NOCH EINE IDEE

Probiere andere Karosserieformen aus, z. B. leere Plastikflaschen. Ein einzelner Strohhalm lässt sich besser luftdicht versiegeln. Versuche es auch mit mehr oder weniger Luft im Ballon. Fährt das Auto mit einem volleren Ballon schneller? Oder weiter?

Führe den Strohhalm durch ein Loch in der Seitenwand ein.

Die Flaschenöffnung hält den Strohhalm waagrecht.

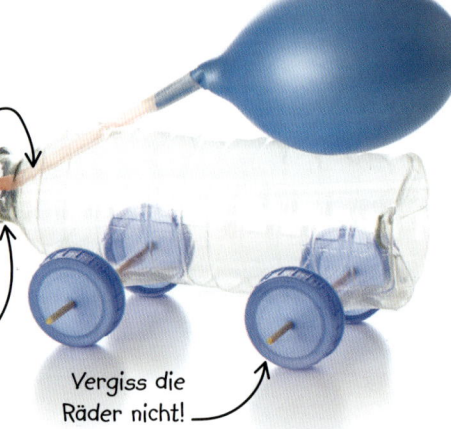

Vergiss die Räder nicht!

Größe und Material der Räder wirken sich auf die Geschwindigkeit des Autos aus. Probiere größere Räder aus, z. B. aus alten DVDs oder aus Pappkarton. Was geschieht?

Hast du deine Glückszahl auf das Auto gemalt?

SO FUNKTIONIERT'S

Wenn du den Ballon aufbläst, wird der Gummi stark gedehnt. Der Gummi drückt daher auf die Luft und diese kann nur durch die einzige vorhandene Öffnung entweichen: die Strohhalme. An der Biegung der Strohhalme prallt die Luft ab und ändert die Richtung, damit sie waagrecht entweichen kann. Durch diesen Aufprall schiebt die Luft das Auto vorwärts. Je mehr Luft durch die Strohhalme gedrückt wird, desto größer ist die Kraft, die das Auto vorwärtsschiebt.

Hoher Luftdruck

Der gedehnte Gummi drückt auf die Luft im Ballon.

Das Auto fährt, weil die Luft aus den Strohhalmen strömt.

Die entweichende Luft wird durch den Strohhalm gedrückt.

Mit den Rädern rollt das Auto.

Aus den Strohhalmen strömt Luft.

IN DER LUFTFAHRT
DÜSENMOTOR

In einem Düsenmotor saugen rotierende Turbinenschaufeln die Luft nach innen. Durch Erhitzung und Verdichtung bilden sich heiße Gase, die durch das Auspuffrohr des Flugzeugs entweichen. Wenn die Gase nach hinten ausströmen, fliegt das Flugzeug in hohem Tempo vorwärts.

LUFTWIDERSTAND

Autos werden so schlank und glatt wie möglich gebaut, damit sie möglichst wenig Luftwiderstand erzeugen. Wenn sie sich bewegen, drücken sie Luft beiseite.

Da das Auto sehr schmal ist, stellt der Luftwiderstand kein Problem dar.

Abgeflachte, spitz zulaufende Autos wie dieser Sportwagen durchschneiden die Luft geradezu und fahren mit ihrer Stromlinienform sehr schnell.

Quadratische oder rechteckige Fahrzeuge wie dieser Doppeldeckerbus erzeugen wesentlich mehr Luftwiderstand und werden dadurch stärker gebremst.

STÄRKE BRÜCKE

Ein einzelner Eisstiel ist nicht besonders fest, aber wenn du eine stabile Struktur aus vielen Stielen baust, können sie erstaunlich viel Gewicht tragen. Diese Theorie kannst du hier testen, denn du baust eine Brücke nur aus Eisstielen, Klebstoff und Klebeband. Das Geheimnis ihrer Tragfähigkeit liegt in der dreieckigen Anordnung der Stiele. Nachdem du mit dieser Brücke geübt hast, kannst du versuchen, noch längere Brücken zu bauen. Denk immer daran, dass das Geheimnis in den Dreiecken liegt: Sie geben der Brücke ihre Festigkeit.

Die Dreiecke verleihen der Brücke große Stärke.

ECHT STARKE DREIECKE

Ein Dreieck ist eine starre Form. Werden viele Dreiecke miteinander verbunden, entsteht eine stabile, starke Struktur. Wenn mehrere miteinander verbundene Teile auf diese Weise als ein Ganzes zusammenwirken, bezeichnet man dies als Stabwerk. Stabwerke findet man in fast allen Bauwerken, die es auf der Erde gibt – und die meisten bestehen aus sehr vielen Dreiecken.

Wenn du die Trag-
fähigkeit deiner
Brücke mit Ziegeln
testest, musst du
aufpassen, dass
sie dir nicht auf
die Füße fallen!

Male die starke
Brücke in deiner
Lieblingsfarbe an.

SO BAUST DU EINE
STÄRKE
BRÜCKE

Nimm dir für diese Brücke viel Zeit: Je genauer du die Teile verbindest und je länger du den Klebstoff trocknen lässt, desto stärker ist das Ergebnis. Lege Zeitungspapier unter, denn der Leim tropft vielleicht. Du brauchst auch genügend Platz, damit du fertige Brücken- teile zur Seite legen kannst, während du an den anderen Abschnitten weiterbaust.

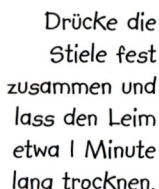

Dauer
2 Stunden

Schwierigkeitsgrad
Schwer

DU BRAUCHST:

Weißleim

Ziegelstein

70 Eisstiele

Abdeckband

Drücke die Stiele fest zusammen und lass den Leim etwa 1 Minute lang trocknen.

1 Zuerst baust du die eine Seite der Brücke. Klebe 3 Eisstiele an den Enden zusammen, sodass ein gleichseitiges Dreieck entsteht, in dem alle Seiten und Winkel gleich lang sind.

Die Stiele in der Reihe bilden eine Seite der Dreiecke.

2 Gib einen Tropfen Leim auf einen weiteren Stiel und drücke eine Ecke des Dreiecks darauf. Füge 2 weitere Stiele in einer Reihe hinzu. Jeder neue Stiel liegt dabei unter dem vorhergehenden Stiel.

Klebe die Enden der Stiele so zusammen, dass ein weiteres Dreieck entsteht.

3 Klebe je 2 weitere Stiele auf jeden Stiel in der Reihe, sodass lauter gleichseitige Dreiecke entstehen. Es liegen nun vier Dreiecke nebeneinander.

4 Die erste Seite ist fertig, wenn du noch 3 Eisstiele über die Spitzen der vier Dreiecke geklebt hast. Jeder Stiel reicht dabei jeweils von der oberen Ecke eines Dreiecks zu der des nächsten.

Fasse die Stiele vorsichtig an, damit sie nicht verbiegen.

Du brauchst nur einen kleinen Tropfen Leim.

Es ist wichtig, dass du die Stiele bereitlegst, bevor du sie verklebst.

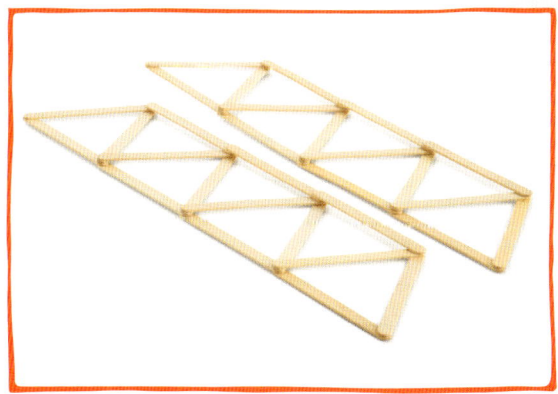

5 Für die zweite Seite der Brücke wiederholst du die Schritte 1 bis 4. Lege sie dann beiseite, damit der Leim trocknen und hart werden kann.

6 Für die Unterseite der Brücke klebst du die Enden von 4 Eisstielen so zusammen, dass sie ein Quadrat bilden. Lass den Leim wieder etwa 1 Minute lang trocknen.

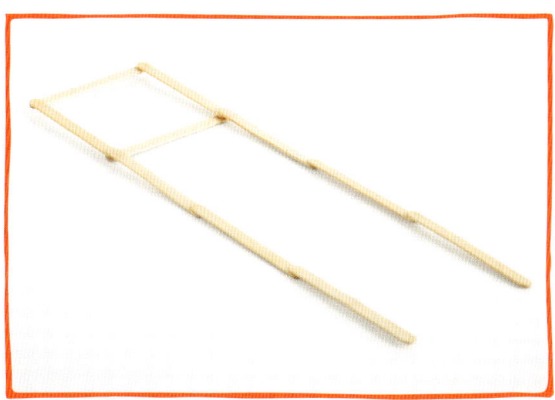

Klebe die Enden des Stiels an die Enden der beiden Stiele in der Reihe.

7 Klebe 3 Stiele in einer Reihe zusammen und dann an ein Eck des Quadrats. Klebe eine weitere Reihe zusammen und befestige sie an dem anderen Eck. Die Reihen müssen parallel verlaufen.

8 Baue weitere Quadrate, indem du die Enden dreier Eisstiele an gegenüberliegende Enden der Stiele klebst. Es liegen nun vier Quadrate nebeneinander.

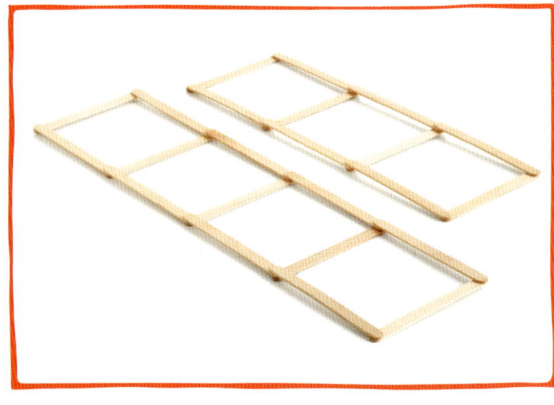

Halte die Ecke des Quadrats fest, während du die Stiele anklebst.

9 Das Oberteil der Brücke wird genauso gebaut, aber es hat nur drei Quadrate. Wiederhole also die Schritte 6, 7 und 8 mit weniger Stielen. Nun müssen die Quadrate noch verstärkt werden – und zwar mit Dreiecken.

10 Klebe einen Stiel zwischen die Ecke eines Quadrats und die Mitte der gegenüberliegenden Seite. Klebe einen weiteren Stiel von dort zur anderen Ecke. So entstehen in dem Quadrat drei Dreiecke. Wiederhole dies in allen Quadraten.

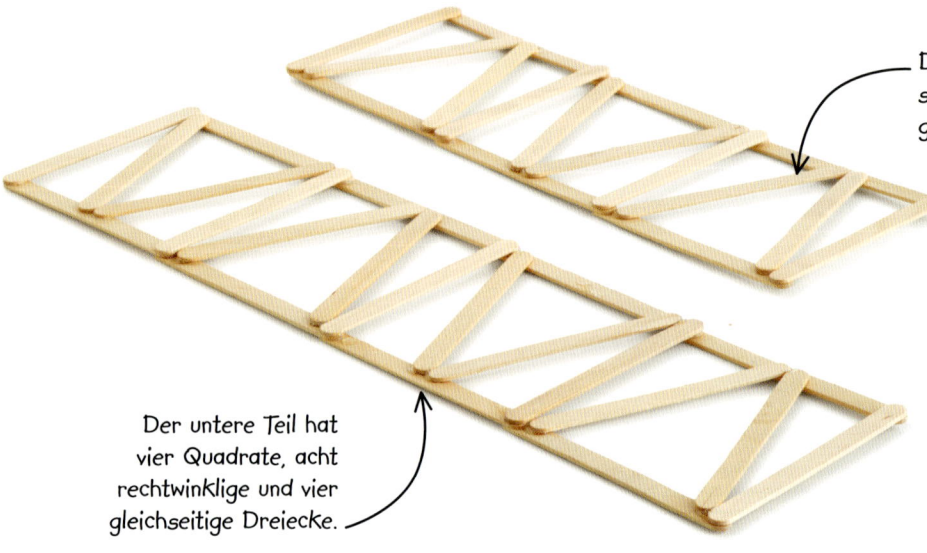

Der obere Teil hat drei Quadrate, sechs rechtwinklige und drei gleichseitige Dreiecke.

Der untere Teil hat vier Quadrate, acht rechtwinklige und vier gleichseitige Dreiecke.

11 Wenn Unter- und Oberseite der Brücke auf diese Weise verstärkt wurden, lege sie an einen sicheren Ort, damit der Leim trocknen kann. Sobald er fest ist, ist es Zeit, alle Teile der Brücke zusammenzubauen.

Da dies etwas schwierig ist, sind zwei helfende Hände von einem Freund oder einem Erwachsenen hilfreich.

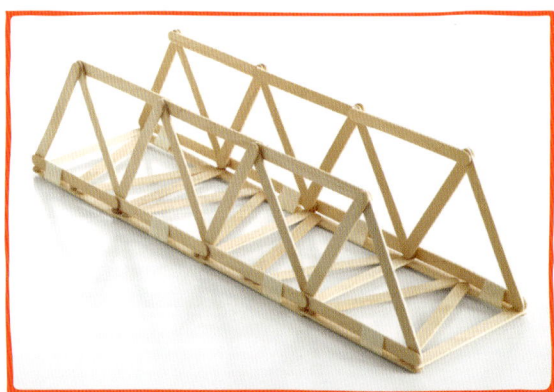

12 Halte die Längsseite eines Seitenteils im rechten Winkel zur Unterseite der Brücke. Umwickle die Stiele fest mit Abdeckband, sodass beide Teile gut miteinander verbunden werden.

13 Klebe das zweite Seitenteil auf dieselbe Weise fest an die andere Seite des Unterteils. Beide Seitenteile sollten senkrecht nach oben stehen, im rechten Winkel zur Unterseite.

14. Befestige nun noch die Oberseite an den Seitenteilen. Verwende dazu Abdeckband wie im vorhergehenden Schritt. Achte darauf, dass du das Abdeckband so fest wie möglich um die Stiele wickelst.

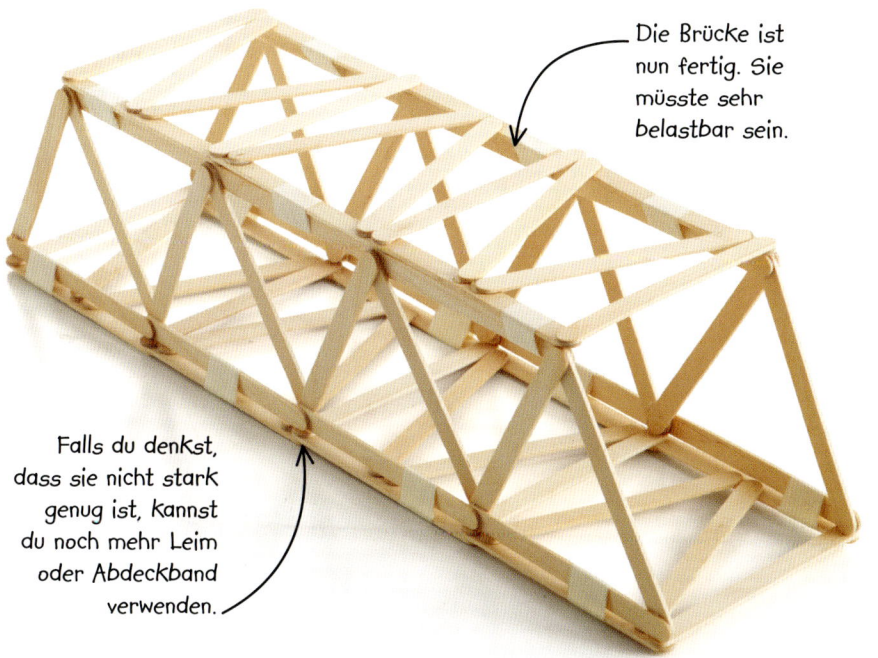

Die Brücke ist nun fertig. Sie müsste sehr belastbar sein.

Falls du denkst, dass sie nicht stark genug ist, kannst du noch mehr Leim oder Abdeckband verwenden.

15. Teste die Brücke an einem geeigneten Ort, am besten im Freien. Nimm den Ziegelstein (oder bitte einen Erwachsenen ihn zu heben) und lege ihn vorsichtig auf die Brücke. Was passiert? Wenn der Leim gut getrocknet ist und du genug Abdeckband verwendet hast, trägt die Brücke das Gewicht des Steins. Hast du noch mehr Ziegel, lege sie langsam, einen nach dem anderen, darauf.

SO FUNKTIONIERT'S

Der Ziegelstein drückt nach unten und presst die Eisstiele in den Seitenteilen zusammen. Man sagt, die Stiele werden „komprimiert". Sie würden auseinanderfallen, wenn sie nicht von den Stielen an der Unterseite der Seitenteile zusammengehalten werden würden. Die Stiele an der Unterseite werden wiederum gedehnt („gespannt") und stützen die Stiele, die zusammengepresst werden.

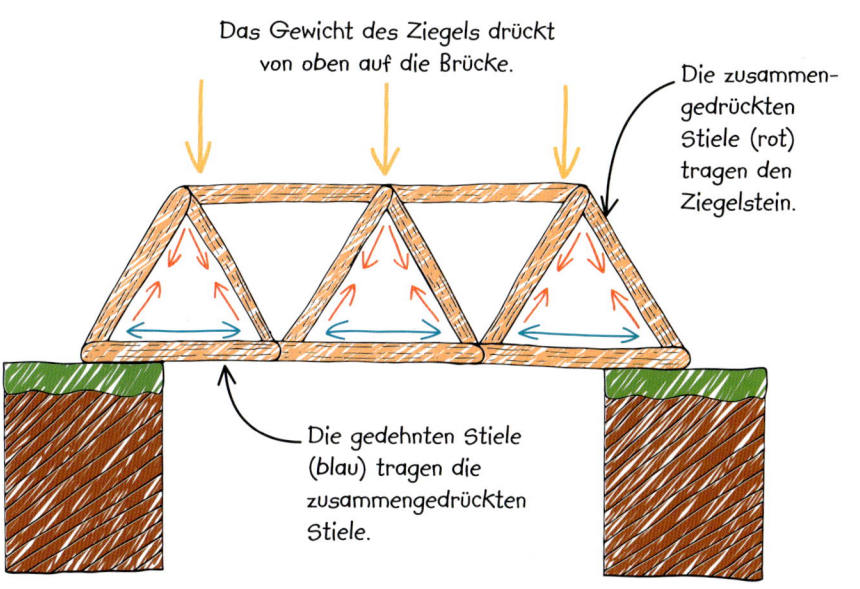

Das Gewicht des Ziegels drückt von oben auf die Brücke.

Die zusammengedrückten Stiele (rot) tragen den Ziegelstein.

Die gedehnten Stiele (blau) tragen die zusammengedrückten Stiele.

IN DER ARCHITEKTUR
SYDNEY HAFENBRÜCKE

Die Sydney Hafenbrücke in Australien besteht aus vielen Dreiecken – ebenso wie andere Brücken. Manche Materialien eignen sich besser als andere, je nachdem, wie belastbar sie sind, wenn sie gedehnt oder komprimiert werden. Architekten und Ingenieure, die die Materialien genau kennen, überlegen jeweils schon vor dem Baubeginn, welche Kräfte ein Bauwerk aushalten muss, und wählen dann das Material entsprechend aus.

TANZENDE SCHLANGE

Wärst du gern ein Schlangenbeschwörer? Möchtest du eine Schlange dazu bringen, wie durch Zauberei auf und ab und hin und her zu tanzen? Dabei hilft dir die unsichtbare Kraft der statischen Elektrizität. Diese Kraft kannst du ganz einfach erzeugen. Du brauchst dazu nur Papierservietten und einen Luftballon. Die statische Elektrizität (oder Reibungselektrizität) zähmt nicht nur Papierschlangen, sondern hat auch noch viele andere Wirkungen, wie du sehen wirst. Sie kann sogar fließendes Wasser umlenken!

Die tanzende Schlange reagiert auf eine sehr ungefährliche Art der Elektrizität.

Sie sieht richtig lebendig aus! Der Luftballon lädt den Kopf der Schlange statisch auf, sodass er sich aufrichtet.

KOPF HOCH!

Wenn du die Papierschlange auf den Tisch oder in einen Korb legst, bleibt der Kopf normalerweise flach liegen. Auch leichte Materialien wie Papier werden von der Schwerkraft nach unten gezogen. Es muss eine andere Kraft auf den Schlangenkopf wirken, die ihn entgegen der Schwerkraft in die Höhe zieht. Diese Kraft ist die Anziehungskraft zwischen zwei verschiedenen elektrischen Ladungen.

Lege die Schlange in einen Korb, damit du wie ein echter Schlangen-beschwörer wirkst.

SO MACHST DU EINE
TANZENDE SCHLANGE

Dauer
15 Minuten

Schwierigkeitsgrad
Leicht

Zum Zeichnen und Ausschneiden der Schlange brauchst du ruhige Hände, aber ansonsten ist das Experiment fast so leicht wie das Aufblasen eines Luftballons! Sobald du gesehen hast, was die statische Elektrizität bei einer Papierschlange bewirkt, kannst du auch noch andere Dinge ausprobieren. Die winzige elektrische Ladung, die hier entsteht, ist völlig ungefährlich. Auf keinen Fall darfst du aber mit Stromkabeln und Elektrogeräten experimentieren, denn die Elektrizität, die dort zum Einsatz kommt, ist sehr stark und gefährlich!

DU BRAUCHST:

Klebeband

Luftballon

Filzstifte

Schere

Große Schüssel oder großen Teller

Papierservietten

Drücke den Stift nicht zu stark auf, denn dann reißt die Papierserviette.

1 Nimm die Serviette auseinander, sodass sie nur noch ein Blatt dick ist. Am besten eignet sich möglichst dünnes Serviettenpapier. Lege es flach auf einen Tisch und stülpe den umgedrehten Teller darauf. Umfahre den Rand mit einem Filzstift.

Der Körper der Schlange sollte immer gleich breit bleiben.

2 Zeichne eine Spirale auf das Papier. Sie bildet den Umriss einer aufgerollten Schlange. Die Mitte der Spirale wird der Kopf, der Schwanz sitzt dagegen am äußeren Ende und läuft spitz zu.

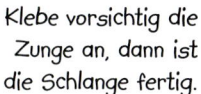

Klebe vorsichtig die Zunge an, dann ist die Schlange fertig.

3 Schneide erst den gezeichneten Kreis sorgfältig aus und dann entlang der Spirallinie weiter. Während des Schneidens wird die Schlange immer deutlicher erkennbar. Da Serviettenpapier sehr leicht verknittert und reißt, solltest du es nicht zu fest in die Hand nehmen.

4 Wenn du möchtest, kannst du der Schlange noch zwei Augen malen und ihr eine kleine rote Zunge ankleben. Male einen kleinen Rest Serviettenpapier rot an und klebe es am Mund fest. Klebe den Schwanz mit Klebeband an den Tisch.

Der Ballon ist jetzt elektrisch geladen.

5 Jetzt musst du noch statische Elektrizität erzeugen. Blase den Ballon auf und binde ihn zu. Reibe ihn 1 Minute lang fest an einem Wollstoff wie z. B. einem Pulli oder einer Decke. Wenn du so etwas nicht hast, dann reibe ihn an deinen Haaren.

Wenn du den Luftballon zur Schlange hin und wieder weg bewegst, tanzt sie.

Je **näher** sich geladene Dinge kommen, desto **stärker** wird die Anziehungskraft.

6 Halte den geladenen Ballon ein paar Zentimeter über die Schlange und bewege ihn langsam auf sie zu. In einem Abstand von etwa 2 cm wird der Ballon die Schlange anziehen, sodass ihr Kopf sich zum Ballon hin hebt.

NOCH EINE IDEE

Statische Elektrizität kannst du auf vielerlei Weise erforschen. Hier zeigen wir nur ein paar Möglichkeiten, wie du mit einfachen Haushaltsgegenständen experimentieren kannst. Die Luftballons werden geladen, indem du sie an Wolle oder Haaren reibst, wie zuvor beschrieben.

ABGELENKTES WASSER

Die unsichtbare Kraft der statischen Elektrizität hat überraschende Wirkungen, die oft wie Zauberei erscheinen. Sieh selbst, wie sie fließendes Wasser aus der Bahn lenkt.

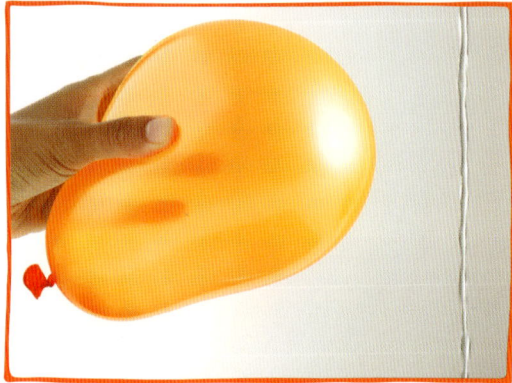

1 Lass einen dünnen, aber steten Wasserstrahl aus dem Hahn fließen. Halte einen nicht geladenen Luftballon nah an den Wasserstrahl. Was passiert? Gar nichts!

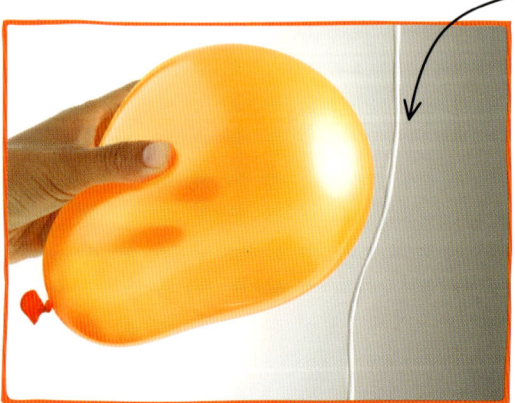

Je näher der Ballon, desto stärker die Anziehungskraft.

2 Lade den Ballon nun auf und halte ihn dicht an den Wasserstrahl. Diesmal wird das Wasser abgelenkt, weil die statische Elektrizität es anzieht.

SPRINGENDE PAPIERMÄNNCHEN

Lass die Puppen tanzen! Mit einem aufgeladenen Luftballon kannst du Papierschnipsel vom Tisch hochziehen. Probiere aus, wie nah du den Ballon heranführen musst, bis das Papier in die Luft steigt.

Die Schwerkraft zieht die Papierschnipsel nach unten auf die Tischplatte.

1 Schneide Papier in viele kleine Schnipsel. Du kannst auch das runde „Konfetti" aus einem Locher verwenden oder lustige Formen ausschneiden, wie diese Männchen hier. Lege sie auf einen Tisch.

Die Ladung des Luftballons lädt die Papierschnipsel auf.

2 Halte einen aufgeladenen Ballon dicht über die Schnipsel. Sie springen hoch und bleiben am Ballon hängen. Manche fallen auch wieder herunter und steigen dann erneut auf.

SICH ABSTOSSENDE BALLONS

Wenn du zwei ungeladene Ballons nebeneinander hängst, passiert nicht viel. Wenn sie aber mit statischer Elektrizität aufgeladen werden, wird die Sache interessanter.

1 Befestige die Enden einer Schnur an zwei Ballons. Lade sie noch nicht auf, sondern halte die beiden Schnüre einfach zwischen Daumen und Zeigefinger und lass die Ballons nach unten baumeln.

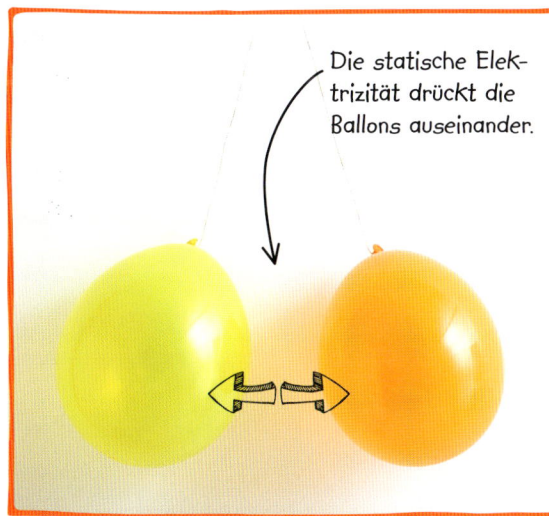

Die statische Elektrizität drückt die Ballons auseinander.

2 Lade beide Ballons gleichmäßig über ihre Oberfläche verteilt auf. Wenn du sie nun baumeln lässt, bleiben sie getrennt, denn eine unsichtbare Kraft bewirkt, dass sie sich gegenseitig abstoßen.

SO FUNKTIONIERT'S

Elektrische Ladung wird von winzigen Teilchen getragen. Die positiv (+) geladenen Teilchen heißen Protonen und die negativ (-) geladenen Teilchen heißen Elektronen. Die Ladungen üben Kräfte aufeinander aus: Gleiche Ladungen stoßen einander ab, entgegengesetzte Ladungen ziehen einander an. Normalerweise sind positive und negative Ladungen überall gleichmäßig verteilt. Durch das Reiben an den Haaren nimmt der Luftballon jedoch zusätzliche Elektronen auf, sodass er insgesamt negativ aufgeladen wird. Daraufhin schiebt er die Elektronen im Papier von sich weg, sodass die Kante des Papiers positiv aufgeladen wird. Aus diesem Grund zieht der Ballon die Papierschlange an.

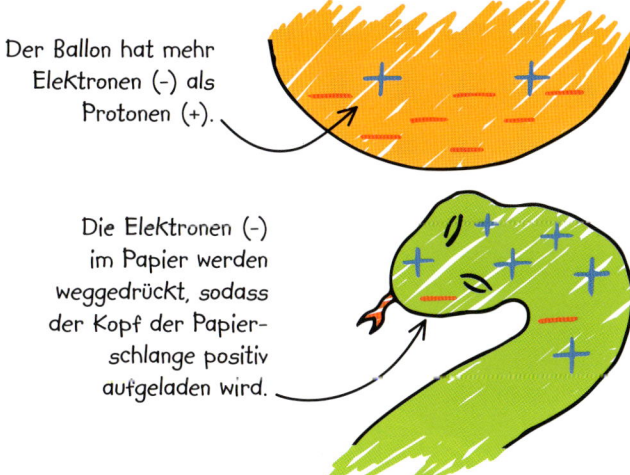

Der Ballon hat mehr Elektronen (-) als Protonen (+).

Die Elektronen (-) im Papier werden weggedrückt, sodass der Kopf der Papierschlange positiv aufgeladen wird.

IN DER NATUR
GEWITTERSTURM

Im Inneren einer Gewitterwolke bewirken wirbelnde Luftströme, dass Eiskristalle aneinander reiben und sie aufgeladen werden. Die Unterseite der Wolke lädt sich negativ auf und wird vom positiv geladenen Erdboden angezogen. So entstehen Blitze, die immer den kürzesten Weg zum Boden nehmen und daher oft in Bäume einschlagen.

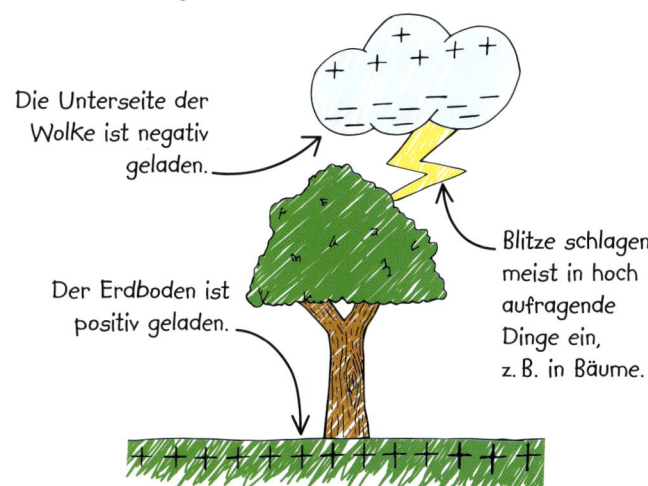

Die Unterseite der Wolke ist negativ geladen.

Der Erdboden ist positiv geladen.

Blitze schlagen meist in hoch aufragende Dinge ein, z. B. in Bäume.

ATMENDE MASCHINE

Atme vor diesem Experiment einmal tief durch. Hast du je darüber nachgedacht, wie dein Körper es schafft, die lebenswichtige Luft in die Lunge zu transportieren und sie dann wieder auszuatmen? Das alles hat mit Luftdruck und einem ganz besonderen Muskel im Bauchraum zu tun, dem Zwerchfell. Mit einer Flasche, ein paar Luftballons und einigen Strohhalmen – sowie ein paar anderen Kleinigkeiten, die du im Haushalt findest – kannst du ganz leicht ein Modell bauen, das zeigt, wie unsere Atmung funktioniert.

Die beiden Strohhalme stellen die Bronchien dar, durch die die Luft in die Ballon-Lungenflügel gelangt.

Die beiden roten Ballons sind die Lungenflügel.

Die Plastikflasche stellt den Brustkorb und den Unterleib dar.

Ein blauer Ballon, der am Boden der Flasche befestigt ist, stellt das Zwerchfell dar, einen ganz speziellen Muskel, der für die Atmung wichtig ist.

LUFT REIN, LUFT RAUS

Wir müssen atmen, weil wir den Sauerstoff aus der Luft brauchen. In der Lunge gelangt der Sauerstoff durch die Wände von winzigen Blutgefäßen ins Blut. Das Blut transportiert den Sauerstoff durch den ganzen Körper und jede Zelle verbraucht einen Teil davon. Dabei entsteht Kohlenstoffdioxid als Abfallprodukt. Dieses wird zurück in die Lungenflügel transportiert, wo es durch die Gefäßwände wieder in die Luft gelangt, die dann ausgeatmet wird.

SO BAUST DU EINE
ATMENDE MASCHINE

Mit diesem Modell siehst du, wie einige lebenswichtige Körperteile funktionieren. Du baust ein Modell der Lunge aus Dingen, die du bei dir zu Hause hast. Das Experiment ist nicht schwer, aber du musst die Anleitung genau befolgen, damit die Maschine gut funktioniert. Besonders wichtig ist es, dass alle Verbindungsstücke luftdicht sind. Wenn es die Sache erleichtert, kannst du zusätzlich zum Klebeband auch noch Klebstoff oder Klebemasse verwenden.

Dauer
30 Minuten

Schwierigkeitsgrad
Mittel

DU BRAUCHST:

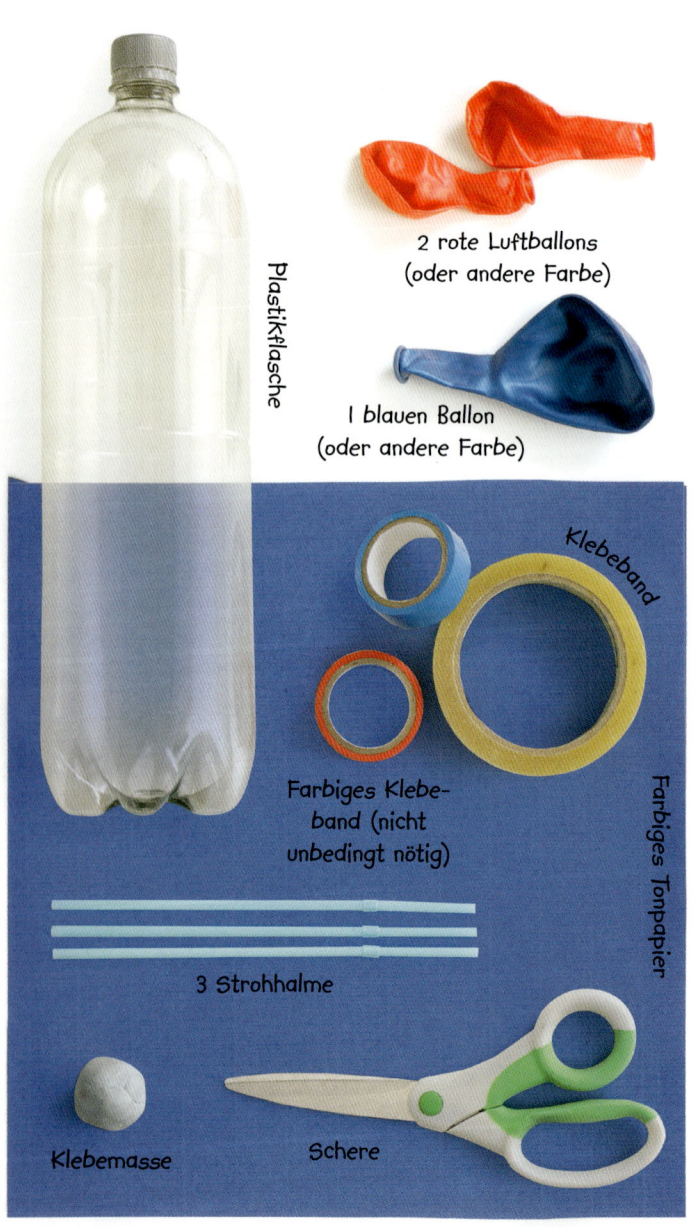

Plastikflasche

2 rote Luftballons
(oder andere Farbe)

1 blauen Ballon
(oder andere Farbe)

Klebeband

Farbiges Klebe-band (nicht unbedingt nötig)

Farbiges Tonpapier

3 Strohhalme

Klebemasse   Schere

1 Schneide den Flaschenboden ab. Der Schnitt sollte glatt und gerade sein, sonst wird es später schwer, diese Stelle luftdicht zu verschließen. Bitte jemanden um Hilfe, wenn du dir nicht sicher bist. Bewahre den Verschluss der Plastikflasche auf – du brauchst ihn später noch.

2 Schneide die 3 Strohhalme in einer Länge von etwas mehr als 10 cm ab. Einer von ihnen wird die Luftröhre sein, die von der Rückseite der Kehle bis zur Lunge führt.

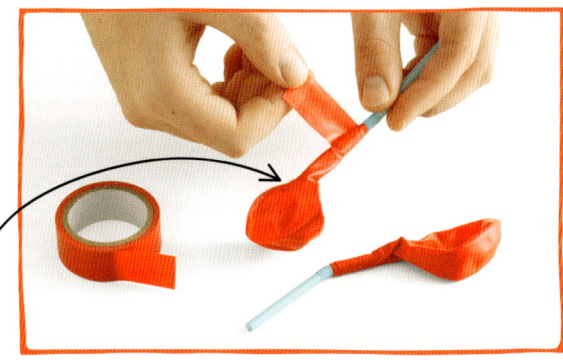

Du darfst den Strohhalm beim Umwickeln nicht zusammendrücken.

3 Schneide jetzt die Enden der beiden roten Luftballons ab. Diese Ballons sind in dem Modell die beiden Lungenflügel. Sie werden Luft aufnehmen und wieder herauslassen und sich dabei im Inneren der Flasche aufblasen und wieder entleeren, genauso wie beim Ein- und Ausatmen.

4 Schiebe das Ende eines Strohhalms etwa 2 cm weit in einen Ballon. Umwickle den Ballon fest mit Klebeband, sodass die Verbindung luftdicht ist. Wiederhole das Gleiche mit dem anderen Ballon und einem zweiten Strohhalm. Diese Strohhalme stellen die Bronchien dar – die Verzweigungen der Luftröhre.

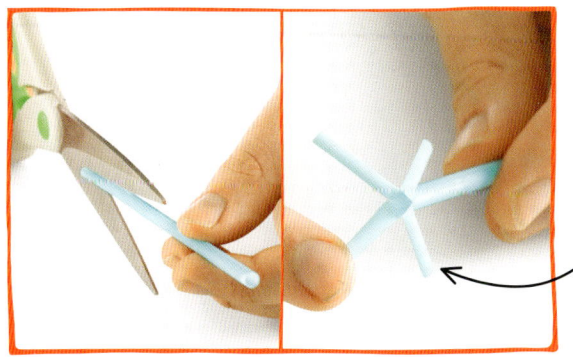

Dieses Ende des Strohhalms stellt den Eingang der Luftröhre hinten im Rachen dar.

5 Mach an einem Ende des dritten Strohhalms, der die Luftröhre bildet, einen 2 cm langen Schnitt längs der Mitte. Nun lässt er sich in zwei Teile spalten. Mach dasselbe am anderen Ende. Drehe dann den Strohhalm um 90 Grad und schneide ihn erneut der Länge nach 2 cm ein, sodass dieses Ende sich in vier gleiche Teile öffnet.

Die Ballons blasen sich wie Lungenflügel auf, wenn sie mit Luft gefüllt werden.

Die Verbindungen müssen luftdicht sein.

Der Mensch atmet pro Jahr etwa 7 Millionen Mal ein und aus.

6 Schiebe die 2 Strohhalme (die Bronchien), an denen die Ballons (die Lungenflügel) hängen, über je eine Hälfte des gespaltenen Endes des dritten Strohhalms (der Luftröhre). Befestige sie mit Klebeband.

Halte die Schere gut fest, wenn du in den Verschluss stichst.

Wenn der Strohhalm richtig liegt, kannst du den Verschluss zuschrauben.

7 Nimm den Flaschenverschluss und schneide ein Loch in die Mitte, das gerade groß genug für den Strohhalm ist. Halte die Finger von der Spitze der Schere fern und schütze die Tischplatte! Damit du sie nicht aus Versehen einritzt, kannst du den Verschluss auf einen Klumpen Klebemasse legen.

8 Nimm nun das Ende des „Luftröhren-Strohhalms" zur Hand, das in vier Teile gespalten ist. Halte die vier Teile zusammen und schiebe sie von unten durch das Loch im Verschluss. Klappe sie dann so um, dass sie flach auf dessen Oberseite zu liegen kommen.

Halte das Band straff gespannt, wenn du es um den Verschluss wickelst.

9 Gib acht, dass der Strohhalm genau ins Loch passt. Versiegle den Verschluss anschließend luftdicht mit Klebeband, damit keine Luft mehr durch winzige Ritzen in die Flasche gelangen kann.

10 Schneide den dritten Ballon dicht hinter dem Ende des Halses ab. Er wird einen flachen Muskel darstellen, das sogenannte Zwerchfell. Tipp: Wenn du ihn vor dem Zerschneiden einmal aufbläst, lässt er sich in Schritt 11 leichter dehnen.

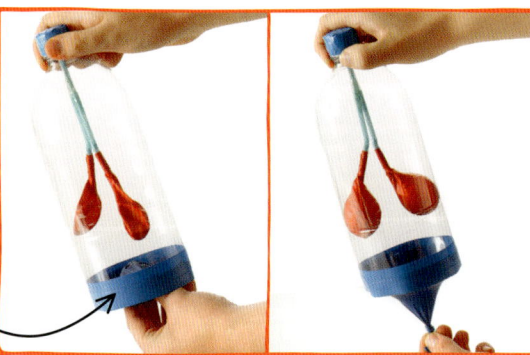

Schiebe den Ballon fest hinein, damit die gesamte Luft hinausgedrückt wird.

11 Binde das Ende des Ballons so zu, als hättest du ihn gerade aufgeblasen. Ziehe ihn über das Ende der Flasche und klebe ihn mit Klebeband fest. Die Verbindung muss wieder vollkommen luftdicht sein.

12 Das Atmungs-Modell ist jetzt fertig! Es „atmet ein", wenn du an dem Ende des Ballons ziehst, und es „atmet aus", wenn du den Ballon wieder nach oben schiebst. Sieh zu, wie sich die Ballon-Lungenflügel füllen und wieder leeren.

13 Zeichne eine Körperform und schneide sie aus. Sie muss nicht so kunstvoll sein: Wichtig ist nur, dass in der mittleren Figur ein großes Loch bleibt. Schneide am unteren Rand auf der einen Seite eine Lasche aus und auf der anderen einen Schlitz.

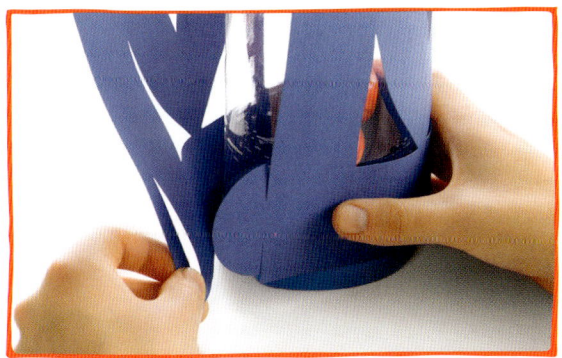

14 Wickle die Dekoration um das Modell und schiebe die Lasche fest in den Schlitz. Befestige sie mit Klebeband. Die „atmende" Lunge sollte durch das Loch in der Mitte sichtbar sein.

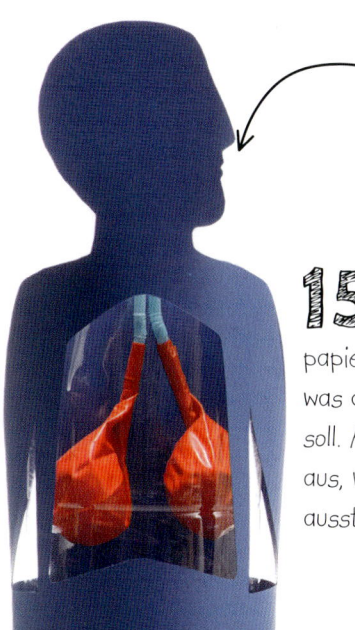

Die ausgeschnittene Körperfigur zeigt, wo sich die Lunge befindet.

15 Eine solche Hintergrundfigur aus Tonpapier macht sofort deutlich, was dein Modell darstellen soll. Außerdem sieht sie toll aus, wenn du sie irgendwo ausstellst.

SO FUNKTIONIERT'S

Atmung funktioniert aufgrund der Veränderung des Luftdrucks. Wenn du den Ballon nach unten ziehst, wird das Volumen in der Flasche erhöht und der Luftdruck sinkt. Deshalb strömt Luft von außen durch den Strohhalm und bläst die beiden Ballons auf. Schiebst du den Ballon dagegen nach oben, verringerst du das Volumen und erhöhst den Luftdruck in der Flasche. Die Luft wird wieder hinausgepresst.

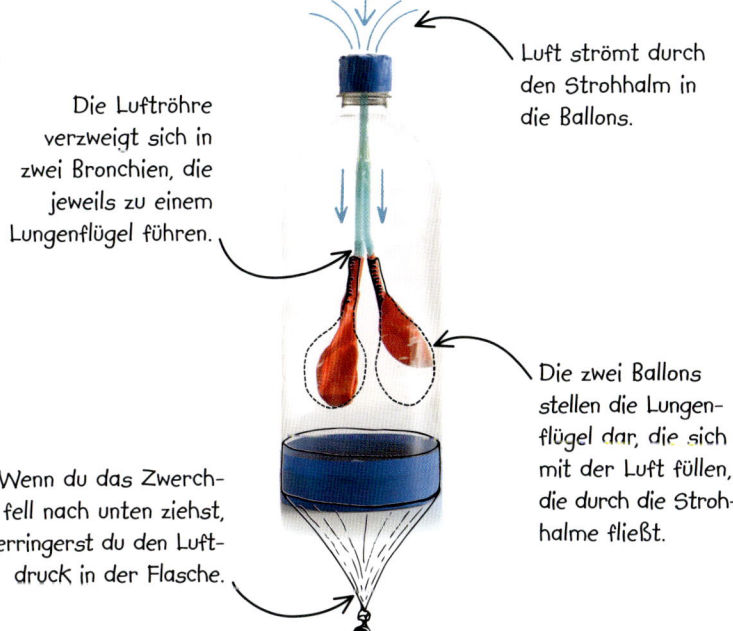

Die Luftröhre verzweigt sich in zwei Bronchien, die jeweils zu einem Lungenflügel führen.

Luft strömt durch den Strohhalm in die Ballons.

Die zwei Ballons stellen die Lungenflügel dar, die sich mit der Luft füllen, die durch die Strohhalme fließt.

Wenn du das Zwerchfell nach unten ziehst, verringerst du den Luftdruck in der Flasche.

IN DER ANATOMIE
BRUSTRAUM

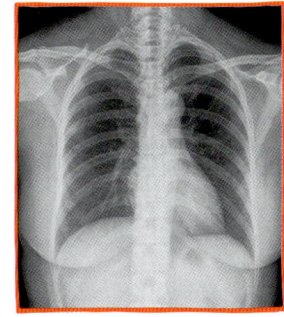

Diese Röntgenaufnahme zeigt die Lungenflügel (schwarz) zu beiden Seiten der Wirbelsäule (weiß). Sie werden von den Rippen (ebenfalls weiß) geschützt. Das große graue Gewebe darunter ist das Zwerchfell.

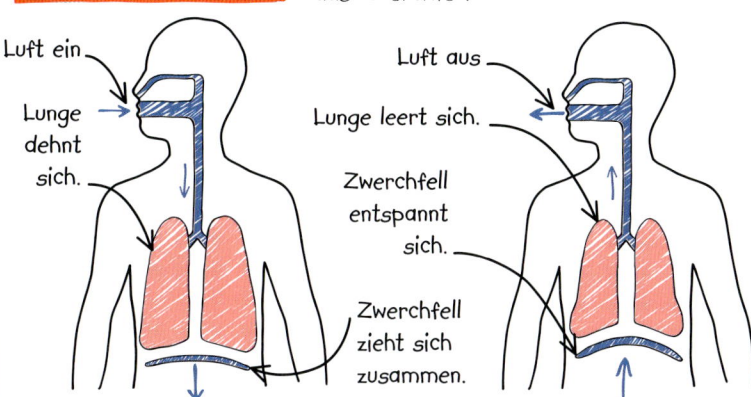

Luft ein

Lunge dehnt sich.

Luft aus

Lunge leert sich.

Zwerchfell entspannt sich.

Zwerchfell zieht sich zusammen.

Beim Einatmen wird die Lunge aufgeblasen, das Zwerchfell wird flach und nach unten gezogen.

Beim Ausatmen leert sich die Lunge und das Zwerchfell wird nach oben gedrückt.

WASSER-WELTEN

Sobald du in Küche oder Bad den Wasserhahn aufdrehst, hast du sofort einen der wichtigsten Stoffe zur Verfügung, die es im ganzen Universum gibt: Wasser. In diesem Kapitel wirst du einige der bemerkenswertesten Eigenschaften von Wasser erforschen. Wir wissen, dass Wasser flüssig, fest und gasförmig vorkommt. Diese Experimente werden dir die Kräfte näherbringen, die im Wasser am Werk sind, und sie werden dir zeigen, wie sich Wasser verhält, wenn es mit anderen Stoffen in Berührung kommt. Wasser steckt voller Wunder, also tauche Kopfüber ein und lass dich verblüffen!

DICHTETURM

In einem Glas entsteht ein interessanter Turm, wenn du farbige Flüssigkeiten in Schichten übereinander anordnest. Es sieht wie ein Zaubertrick aus, kommt aber daher, dass sich Flüssigkeiten mit unterschiedlicher Dichte wie Öl und Wasser nicht vermischen. In diesem Experiment liegen die dichtesten Flüssigkeiten ganz unten, während die Flüssigkeiten mit der geringsten Dichte oben sind. Fast alles, was du brauchst, findest du im Küchenschrank. Also fangen wir an!

Öl schwimmt oben, weil es von allen Flüssigkeiten im Turm die geringste Dichte hat.

Ein Tischtennisball hat eine geringe Dichte, weil er mit Luft gefüllt ist.

SINKT ER ODER SCHWIMMT ER?

Die Dichte einer Substanz hängt von ihrer Masse (Wie viel Materie ist vorhanden?) und ihrem Volumen (Wie viel Raum nimmt sie ein?) ab. Wenn der Turm im Glas fertig ist, teste mit einem weiteren Versuch die Dichte der Flüssigkeiten. Hole ein paar kleine Gegenstände, wie z. B. die hier abgebildeten Dinge, und lass sie in den Turm fallen. Beobachte, ob sie schwimmen oder untergehen. Solange die Gegenstände eine geringere Dichte haben als die Flüssigkeit, kann die Flüssigkeit sie tragen.

Eine kleine Tomate sinkt durch Öl, Wasser und Spülmittel, schwimmt aber auf Milch.

SO BAUST DU EINEN
DICHTETURM

Damit die Schichten des Turms sauber getrennt bleiben, brauchst du eine ruhige Hand. Die meisten Flüssigkeiten sind auf „Wasserbasis", d.h., sie bestehen hauptsächlich aus Wasser, aber es sind andere Stoffe darin gelöst. Die folgende Anleitung zeigt, wie du die Schichten mithilfe einer Bratenspritze eingießt, du kannst sie aber auch nur über die Rückseite eines Löffels eintröpfeln. Du musst die Spritze oder den Löffel nach jeder Flüssigkeit und Schicht abspülen und du darfst auf keinen Fall umrühren.

Dauer
15 Minuten

Schwierigkeitsgrad
Mittel

DU BRAUCHST:

Wasser mit Lebensmittelfarbe

Pflanzenöl

Milch

Spülmittel

Flüssigen Honig

Hohes, gerades Glas

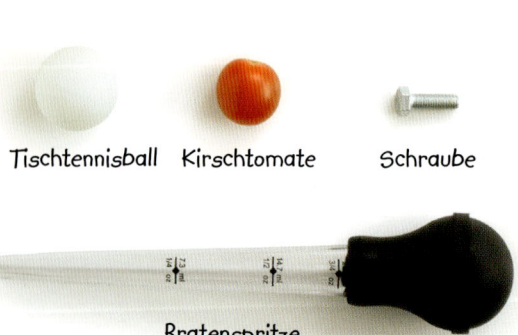

Tischtennisball   Kirschtomate   Schraube

Bratenspritze

1 Die unterste Schicht im Turm ist Honig, denn er ist die dichteste Flüssigkeit. Schütte ihn vorsichtig ins Glas, bis die Schicht etwa 2 cm hoch ist. Honig ist Wasser, in dem viele andere Stoffe gelöst sind, darunter sehr viele Zuckerarten.

2 Nun folgt die Milch. Fülle sie in die Bratenspritze und tröpfle sie sanft und langsam gegen die Wand des Glases. Sie bleibt auf dem Honig liegen. Milch besteht aus Wasser mit Proteinen, Zucker und winzigen Öltröpfchen.

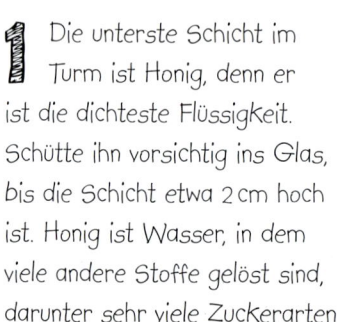

Fülle alle Zutaten nacheinander langsam und **vorsichtig** ein.

3 Fülle die nächste Schicht wie in Schritt 2 ein. Ziehe etwas Spülmittel in die Bratenspritze und lass es langsam an der Wand des Glases hinabfließen. Spülmittel besteht aus Wasser, in dem sehr große Tensidmoleküle gelöst sind.

4 Die vierte Schicht ist Wasser. Du kannst es mit Lebensmittelfarbe einfärben. Denk daran, die Flüssigkeit langsam und entlang der Glaswand einfließen zu lassen. Wassermoleküle sind sehr klein und dicht gepackt.

5 Zum Schluss kommt noch Pflanzenöl hinzu. Olivenöl geht auch. Selbst wenn du das Öl zuerst eingefüllt hättest, wäre es ganz nach oben gestiegen, weil es von all diesen Flüssigkeiten die geringste Dichte hat – aber der Turm wäre verdorben worden!

6 Lass nun kleine Gegenstände vorsichtig ins Glas fallen, z. B. eine Schraube, eine Tomate oder einen Tischtennisball. Die Schraube sinkt zu Boden, weil sie dichter als Honig ist. Die Tomate sinkt bis auf die Milch. Was ist mit dem Tischtennisball?

SO FUNKTIONIERT'S

Wassermoleküle sind dicht gedrängt, haben aber wenig Masse, sodass die Dichte niedrig ist. Wenn sich Stoffe in Wasser lösen, dann drängen sich ihre Moleküle zwischen die Wassermoleküle und erhöhen die Dichte der Lösung. Ölmoleküle sind größer und nicht so dicht gedrängt, sodass Öl eine geringere Dichte hat als Wasser.

Zwischen den Ölmolekülen bleibt viel freier Raum.

Wassermoleküle liegen eng zusammen.

Spülmittelmoleküle vermischen sich mit Wassermolekülen.

Milch besteht aus Wasser, Zucker, Proteinen und Fett.

Honig ist in Wasser gelöster Zucker.

IN DER UMWELT
ÖLTEPPICH

Bei einem Unfall verlieren Öltanker oft ihre Ladung, sodass Öl ins Meer fließt. Das ist eine Katastrophe für die Lebewesen im Meer und Ölteppiche sind schwer zu beseitigen. Etwas leichter wird die Aufgabe dadurch, dass Öl auf Wasser schwimmt. Das Öl lässt sich entweder abschöpfen oder es wird mit Tensiden besprüht, sodass sich die Tropfen auflösen.

Der Wasserstrahl hat Energie. Ein wenig davon wird auf die Schaufeln des Wasserrads übertragen.

Je schneller das Wasser fließt, desto schneller dreht sich das Wasserrad.

Das Wasser verliert einen kleinen Teil seiner Energie, wenn es von den Schaufeln abprallt.

Das Wasserrad steckt in einem Rahmen, der aus einer gewöhnlichen Plastikflasche gebaut wird.

WASSERENERGIE

Ein Wasserrad ist ein Gerät, das Energie überträgt. Fließendes Wasser hat, wie alles, was sich bewegt, Bewegungsenergie in sich. Das Wasserrad nimmt einen Teil dieser „kinetischen" Energie auf und dreht sich. Eine Schnur, die um den Schaft des Wasserrads gewickelt wird, kann dann ein Gewicht heben. Das Gewicht erhält „potenzielle" Energie, und zwar umso mehr, je höher es gehoben wird. Es hat die Möglichkeit, also das „Potenzial", wieder zu fallen. Potenzielle Energie nennt man auch Lageenergie.

Die Schnur wickelt sich um den Holzstab, wenn das Gewicht gehoben wird.

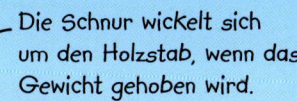

WASSERRAD

Frage: Wie kannst du ein Gewicht hochheben, indem du einfach nur den Wasserhahn aufdrehst oder Wasser aus einem Krug schüttest? Antwort: Mit einem Wasserrad natürlich. Wasserräder werden seit Jahrhunderten dazu benutzt, um Energie aus fließendem Wasser zu gewinnen. Damit werden Getreidekörner gemahlen, Maschinen angetrieben und schwere Gegenstände angehoben. Du kannst mit einer Plastikflasche, einem Strohhalm und einem Holzstab selbst ein Wasserrad bauen. Das wird eine spritzige Angelegenheit!

Das Wasserrad zieht ein Gewicht aus Klebemasse hoch.

SO BAUST DU EIN
WASSERRAD

Für das Wasserrad musst du eine Plastikflasche zerschneiden: Das ist nicht leicht, darum bitte einen Erwachsenen um Hilfe. Zudem musst du mit dem Holzstab, an dem das Wasserrad angebracht ist, vorsichtig umgehen. Du solltest alle gefährlichen Spitzen abschneiden, bevor du anfängst. Denk daran, dass Wasser nass ist: Wenn das Wasserrad fertig ist, teste es im Freien oder stell es in ein großes Waschbecken.

Dauer
1 Stunde

Schwierigkeitsgrad
Schwer

DU BRAUCHST:

Isolierband

Klebemasse

Schnur

Krug voll Wasser
(oder Wasserhahn)

Plastikflasche

Schere

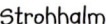

Strohhalm

Holzspieß

Bitte einen Erwachsenen, dir beim Schneiden zu helfen.

1 Schneide die Flasche etwa in zwei Dritteln ihrer Höhe ab. Bewahre den oberen Teil mit dem Verschluss auf, weil du ihn später noch für das Rad brauchst.

Die Reste der Flaschenwände sollen einen festen Rahmen bilden.

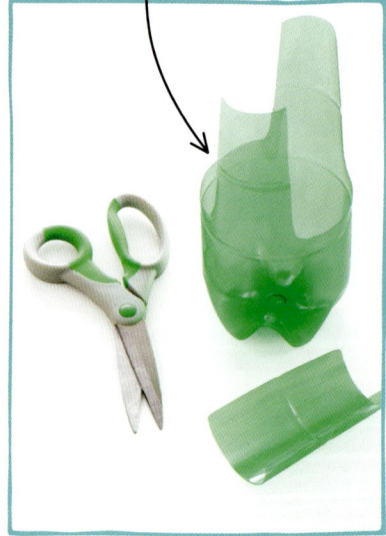

2 Schneide dann, wie hier gezeigt, zwei u-förmige Teile aus den Flaschenwänden. Nun hast du den Rahmen, der später das Wasserrad trägt.

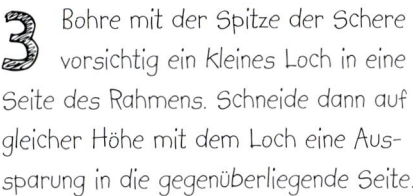

3 Bohre mit der Spitze der Schere vorsichtig ein kleines Loch in eine Seite des Rahmens. Schneide dann auf gleicher Höhe mit dem Loch eine Aussparung in die gegenüberliegende Seite.

4 Schneide das Oberteil der Flasche von unten sechsmal in gleichen Abständen ein. Die Schnitte müssen alle in gleicher Höhe enden. Diese Klappen bilden die Schaufeln des Wasserrads.

5 Falte jede Klappe zurück und drücke die Faltung fest. Versuche, alle gefalteten Schaufeln auf eine Höhe zu bekommen. Wenn nötig, schneide an manchen Stellen noch tiefer ein.

Die Schnitte dürfen nicht zu lang sein, sonst reißen die Schaufeln womöglich ab.

Wenn du die Faltung gut festdrückst, hat jede Schaufel einen Winkel von rund 90 Grad.

6 Schneide am Übergang von Flasche und Schaufeln die Schaufeln jeweils zur Hälfte ein. Falte dann jede Schaufel der Länge nach und drücke die Falte fest.

Alle Schaufeln sollten in etwa gleich aussehen.

7 Biege das gespreizte Rad so hin, dass es die Form einer Blüte hat. Die Schaufeln werden das fallende Wasser auffangen, sobald das Rad in Betrieb genommen wird.

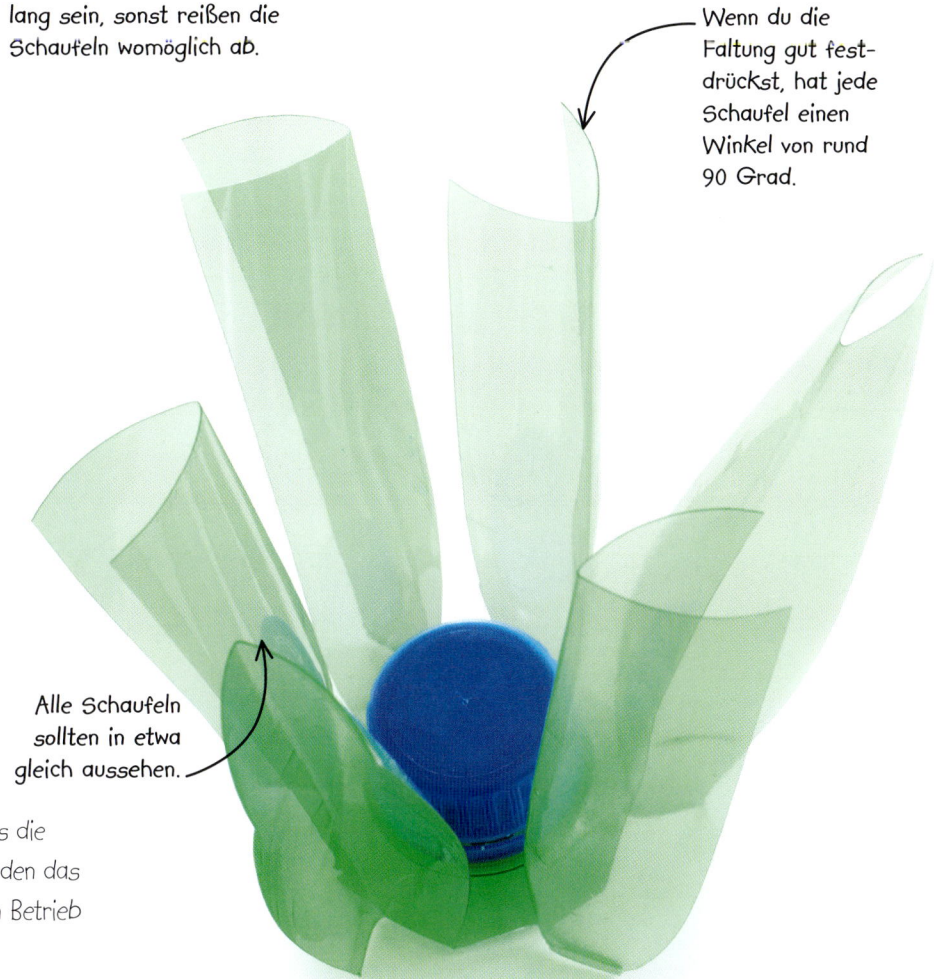

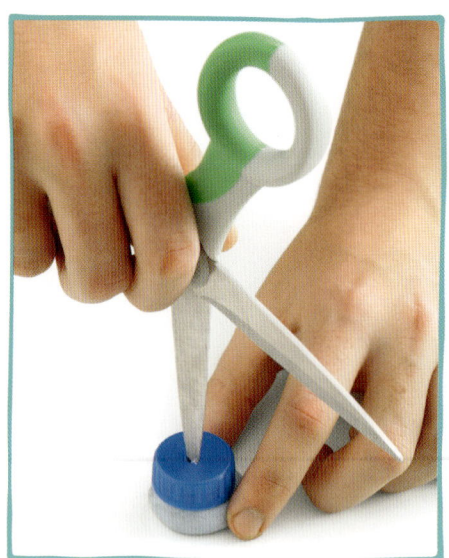

8 Die Schaufeln des Wasserrads müssen in den Rahmen passen und sich drehen *können*. Halte deshalb das Wasserrad neben den Rahmen und schneide die Schaufeln passend zu.

9 Nimm den Verschluss ab und bohre ein Loch hinein. Da du fest drücken musst, solltest du etwas unterlegen. Pass auf deine Finger auf! Schraube den Verschluss dann wieder an.

10 Schneide den Strohhalm so zu, dass du ein gerades, etwa 5 cm langes Rohr hast. Schneide ein Ende vorsichtig in vier Teile und falte die Teile im rechten Winkel zum Halm nach unten.

Sobald der Holzstab das Loch im Verschluss passiert hat, kannst du die Spitze abschneiden.

Der Strohhalm wird mit Isolierband am Holzstab festgeklebt.

Prüfe, ob sich das Rad frei drehen kann.

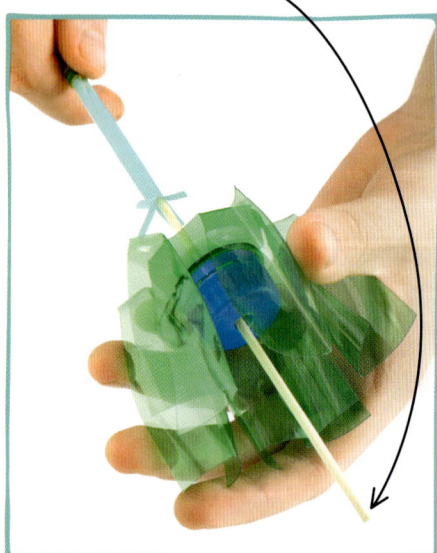

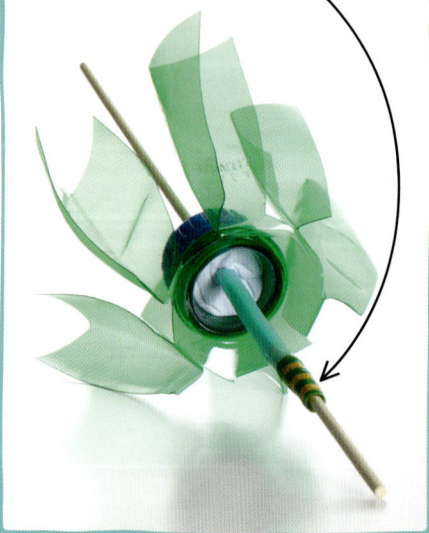

11 Schiebe den Holzstab von hinten durch den Strohhalm und klebe den Halm in etwa 3 cm Abstand vom Stabende fest. Schiebe den Holzstab dann durch das Loch im Flaschenverschluss.

12 Fülle den Verschluss mit Klebemasse, um die eingeschnittenen Teile am Ende des Strohhalms zu befestigen. Wenn du den Holzstab jetzt drehst, *sollte* sich das Rad mitdrehen.

13 Schiebe ein Ende des Holzstabs durch das Loch in der Flaschenwand und lege das andere in die Lücke gegenüber. Der Verschluss darf die Seite des Rahmens nicht berühren.

Ordne die Schaufeln bei Bedarf richtig an.

Was geschieht, wenn du den Wasserfluss verlangsamst oder schneller machst?

14 Klebe ein Stück Schnur an das Ende des Holzstabs, das nicht im Strohhalm steckt. Drücke einen Klumpen Klebemasse um das andere Ende der Schnur. Das ist das Gewicht.

15 Jetzt kommt der interessante Teil. Stell das Wasserrad ins Freie oder in ein Waschbecken und lass Wasser aus dem Wasserhahn oder einem Krug darauf fließen. Das Wasserrad sollte sich drehen und das Gewicht in die Höhe heben.

SO FUNKTIONIERT'S

Das fließende Wasser übt eine Kraft auf die Schaufeln des Wasserrads aus und versetzt sie in Drehung. Der Schaft übt eine Kraft auf den Holzstab aus und dreht ihn. Der sich drehende Holzstab übt wiederum eine Kraft auf die an ihm befestigte Schnur aus, die dann das Gewicht in die Höhe zieht.

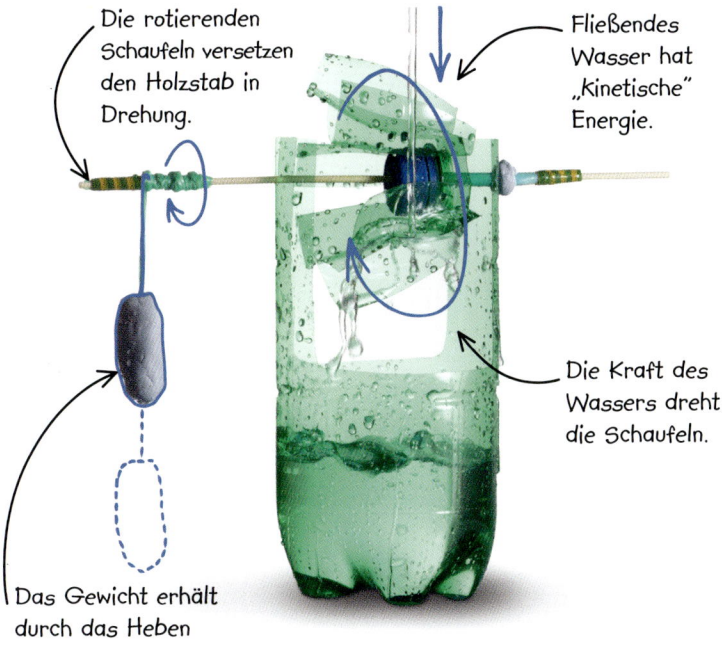

Die rotierenden Schaufeln versetzen den Holzstab in Drehung.

Fließendes Wasser hat „Kinetische" Energie.

Die Kraft des Wassers dreht die Schaufeln.

Das Gewicht erhält durch das Heben „potenzielle" Energie.

IN DER TECHNIK
ELEKTRIZITÄT DURCH WASSERKRAFT

Fließendes Wasser lässt sich zur Stromerzeugung nutzen. Bei einem Wasserkraftwerk wird ein Fluss durch einen Damm gestaut, sodass das Wasser starken Druck und viel potenzielle Energie aufbaut. Es fließt mit hohem Druck durch Rohre und dreht speziell geformte Wasserräder, die Turbinen. Diese drehen wiederum Elektrogeneratoren, die Strom erzeugen. Im Bild siehst du die Spitzen der Turbinenschäfte, die sich horizontal drehen. Die Generatoren stecken in dem blauen Teil auf den Turbinen.

BOOT MIT SEIFEN-ANTRIEB

Mach dich bereit zum Segeln auf den sieben seifigen Weltmeeren! Baue ein kleines Boot, lass es zu Wasser und dann – mit einem Spritzer Spülmittel – wie der Wind über die Oberfläche flitzen. Die Seife treibt das Boot nicht wirklich an, aber sie setzt im Wasser verborgene Energie frei. Lichte den Anker und los geht's!

In diesen ausgeschnittenen Bereich tropfst du das Spülmittel. Es wirkt wie eine Art „Treibstoff" für das Boot.

Schmücke das Boot mit einer Flagge, die dir gefällt.

DESIGNERFLOTTE

Baue mit Freunden eine ganze Schiffsflotte, dann könnt ihr Wettrennen veranstalten. Ihr könnt verschiedene Bauarten wählen. Experimentiert einfach selbst und probiert unterschiedliche Formen aus. Welche Boote bewegen sich am schnellsten?

Unsichtbare Kräfte im Wasser ziehen das Boot vorwärts.

SO MACHST DU EIN

BOOT MIT SEIFENANTRIEB

Das Boot muss sehr leicht sein, damit es von den Kräften im Wasser vorwärtsgezogen werden kann. Die Materialien, die du verwendest, wiegen fast nichts und lassen sich gut zuschneiden. Du kannst dir beim Zuschneiden aber auch von einem Erwachsenen helfen lassen. Das hier gezeigte Boot hat ein sehr einfaches Design, sodass es schnell fertig ist und sofort lossegeln kann. Male es in deiner Lieblingsfarbe an.

Dauer
10 Minuten

Schwierigkeitsgrad
Leicht

DU BRAUCHST:

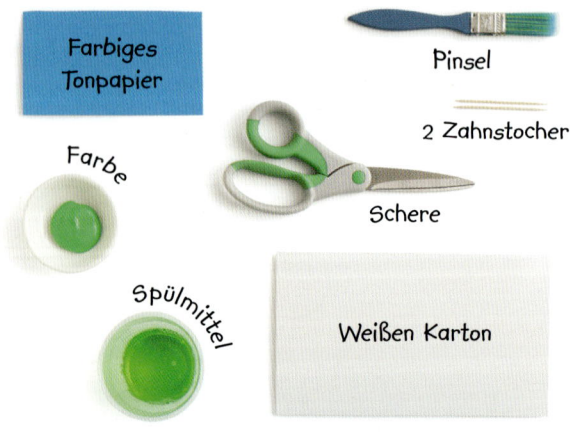

Farbiges Tonpapier

Pinsel

2 Zahnstocher

Farbe

Schere

Spülmittel

Weißen Karton

Wanne mit Wasser

1 Zuerst baust du den Bootskörper. Schneide mit der Schere ein kleines Quadrat aus dem Karton. Jede Seite sollte etwa 4 cm lang sein. Schneide eine Seite spitz zu, denn dort soll der Bug, also das Vorderteil des Boots, sein.

2 Schneide an der Rückseite, dem Heck, eine quadratische Aussparung von 0,5 cm Seitenlänge aus. Hier tropfst du später das Spülmittel hinein. Wenn du magst, kannst du für diese Aussparung verschiedene Größen ausprobieren.

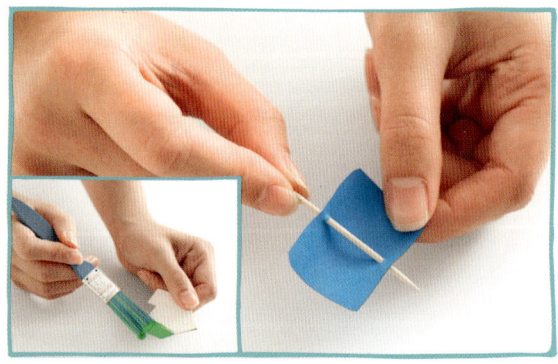

3 Schneide für das Segel ein passendes Stück Tonpapier aus und bohre einen Zahnstocher hindurch. Das Segel treibt das Boot zwar nicht an, aber es sieht gut aus. Male dann das Boot so an, wie es dir gefällt.

4 Wenn die Farbe ganz trocken ist, kannst du das Zahnstocher-Segel befestigen. Nun ist das Boot startbereit.

5 Lass das Boot in der mit Wasser gefüllten Wanne schwimmen. Setze es in eine Ecke und richte den Bug zur Mitte hin. Tauche einen Zahnstocher in Spülmittel und berühre dann damit die Wasseroberfläche in der Aussparung am Heck.

6 Sieh zu, wie dein Boot davonschießt. Tauche den Zahnstocher so oft, wie du willst, in das Spülmittel und dann in die Aussparung. Wenn das Wasser zu seifig wird, musst du es auswechseln, sonst funktioniert das Experiment nicht mehr.

SO FUNKTIONIERT'S

Dieses Experiment nutzt die sogenannte Oberflächenspannung. Weil Wassermoleküle eng zusammenhängen, ziehen sie einander in alle Richtungen. Diese Bewegung hält die Wasserfläche fest zusammen, wie die Haut eines Ballons. Tropft man aber Spülmittel hinein, werden an der Stelle die Bindungen geschwächt und damit auch die Oberflächenspannung. Die restliche Wasserfläche wird weggezogen und zieht das Boot mit sich.

Sobald du das Spülmittel hineingibst, verbreitet es sich schnell in alle Richtungen.

Das Boot zieht davon, weil das Spülmittel die Bindungen der Wassermoleküle schwächt.

Einige Insekten nutzen die Oberflächenspannung, um über das Wasser zu laufen.

IM ALLTAG
SEIFENBLASEN

Warum kannst du nur mit Wasser keine Blasen erzeugen? Das liegt an der hohen Oberflächenspannung des Wassers, die bewirkt, dass man es nicht in andere Formen ziehen kann. Seife verringert die Oberflächenspannung, sodass du das Wasser mit Luft aufblasen kannst, ohne dass die Blase sofort platzt.

FLINKER FILTER

Stell dir vor, du müsstest das Wasser aus Seen oder Flüssen trinken, wie es viele Menschen auf der Erde tun, statt einfach den Wasserhahn aufzudrehen oder eine Flasche zu öffnen. Du müsstest Schlamm und andere unangenehme Stoffe entfernen, bevor du deinen Durst löschen kannst. Im folgenden Experiment baust du aus einer Plastikflasche eine einfache Filteranlage. Du wirst sehen, wie schmutziges Wasser vor deinen Augen klar und sauber wird.

SCHMUTZIGES WASSER

Wasser, das direkt aus natürlichen Quellen kommt, ist oft mit Stoffen verunreinigt, von denen du krank werden kannst, wenn du sie mit trinkst. Blätter und tote Insekten, die an der Oberfläche schwimmen, lassen sich leicht entfernen, aber im Wasser gibt es zudem Millionen winziger Teilchen, die zum Teil auch Viren und Bakterien tragen, die du nicht sehen kannst. Wie wirst du diese Dinge los? Die Antwort lautet: Du musst eine Falle bauen, mit der du sie fängst.

Gib Holzkohle in den Filter, denn sie reinigt das Wasser.

Kleine saubere Steinchen fangen Teilchen ab, die im Wasser treiben.

Das schmutzige Wasser wird in mehreren Schichten aus verschiedenen Materialien gefiltert.

Das Wasser ist nach dem Experiment zwar sauberer, aber trinken solltest du es trotzdem nicht.

SO BAUST DU EINEN
FLINKEN FILTER

Die Herstellung des Wasserfilters ist nur der erste Teil des Experiments. Du stellst auch schmutziges Wasser her, um den Filter zu testen. Die Materialien sind nicht schwer zu bekommen, aber vielleicht muss dir ein Erwachsener bei der Suche helfen. Und auch wenn der fertige Filter gut funktioniert, ist das Wasser, das dabei herauskommt, nicht so sauber, dass du es trinken kannst. Du musst es also am Ende wegschütten.

Dauer
25 Minuten

Schwierigkeitsgrad
Mittel

DU BRAUCHST:

Löffel

Watte

Holzkohle

Schere

Blätter und Gras

Sand

Kleine saubere Steinchen

Kleine Kiesel

Erde

Mittelgroße Kiesel

Messbecher

Plastikflasche

1 Schneide zuerst mit der Schere auf halber Höhe rund um die Flasche herum. Wenn dir das zu schwer ist, bitte einen Erwachsenen um Hilfe. Das Oberteil wird der Filter, das Unterteil dient als Halterung und fängt zudem das gefilterte Wasser auf.

2 Nimm den Verschluss der Flasche ab und stopfe etwas Watte fest in den Flaschenhals. Sie wird sehr kleine Schmutzpartikel abfangen, die im Wasser treiben.

3 Stell das Flaschenoberteil umgekehrt in das Unterteil. Lege eine etwa 1 cm dicke Schicht Holzkohle auf die Wattebäusche. Wenn es sich um große Stücke Holzkohle handelt, musst du sie zuerst in kleinere Stückchen zerbrechen. Wasche dir danach die Hände.

4 Füge nun etwa 2 cm Sand hinzu. Drücke ihn mit den Fingerspitzen gut fest. Durch die dichten Schichten fließt das Wasser sehr langsam, sodass viel Schmutz darin hängen bleibt.

5 Nun folgt eine 1 cm dicke Schicht aus kleinen Kieselsteinchen und darauf eine 2 cm dicke Schicht aus mittelgroßen Kieseln. Auch sie musst du möglichst fest pressen und dicht packen, ebenso wie den Sand und die Holzkohle.

Je mehr Schichten der Filter hat, desto sauberer wird das Wasser, nachdem es sie alle passiert hat.

6 Schließlich brauchst du noch die kleinen Steinchen. Sie müssen die kleineren Kiesel vollständig bedecken. Du siehst, dass die Lücken zwischen den Bestandteilen der verschiedenen Schichten nach oben hin immer größer werden. Nun, da der Wasserfilter einsatzbereit ist, musst du Schmutzwasser herstellen.

7 Fülle den Messbecher mit Wasser und gib so viel Erde hinein, wie du willst. Rühre mit einem Löffel um, bis die Erde überall im Wasser verteilt ist. Die kleinsten Teilchen „schweben" im Wasser und manche lösen sich sogar auf.

Diese in der Natur gesammelten Dinge werden im Wasser nicht mehr lange so schön aussehen.

Die Erde enthält auch winzige Lebewesen, wie z. B. Bakterien.

8 Gib ein paar Blätter und Grashalme hinzu. Nun ist das Wasser wirklich schmutzig. Es enthält viele Teilchen in verschiedenen Größen und gelöste Stoffe. Du könntest an ihnen erkranken, wenn du das Wasser trinken würdest.

In Flüssen und Seen treiben Blätter und Grashalme an der Oberfläche.

Den Krug musst du sehr gut spülen, wenn du das Experiment beendet hast.

9 Gieße nun langsam ein wenig Schmutzwasser auf die Kieselsteine, die die oberste Schicht des Filters bilden. Halte den Filter fest, damit er nicht umfällt. Sieh zu, wie das Wasser durch die Schichten sickert und am Ende viel sauberer ist.

SO FUNKTIONIERT'S

Wasser findet immer einen Weg durch die Steine, das Geröll, den Sand, die Holzkohle und die Watte. Aber in den Zwischenräumen oder Poren werden im Wasser schwebende Teilchen abgefangen. Die Lücken werden immer kleiner, sodass die Teilchen je nach Größe in den verschiedenen Schichten abgefangen werden. Würden sie alle in einer Schicht hängenbleiben, wäre der Filter schnell verstopft. Die Holzkohle entfernt einige gelöste Stoffe aus dem Wasser und reinigt es in einem Prozess, der Adsorption genannt wird.

Denk daran:
Das gefilterte
Wasser ist **nicht**
trinkbar, selbst
wenn es klar
aussieht.

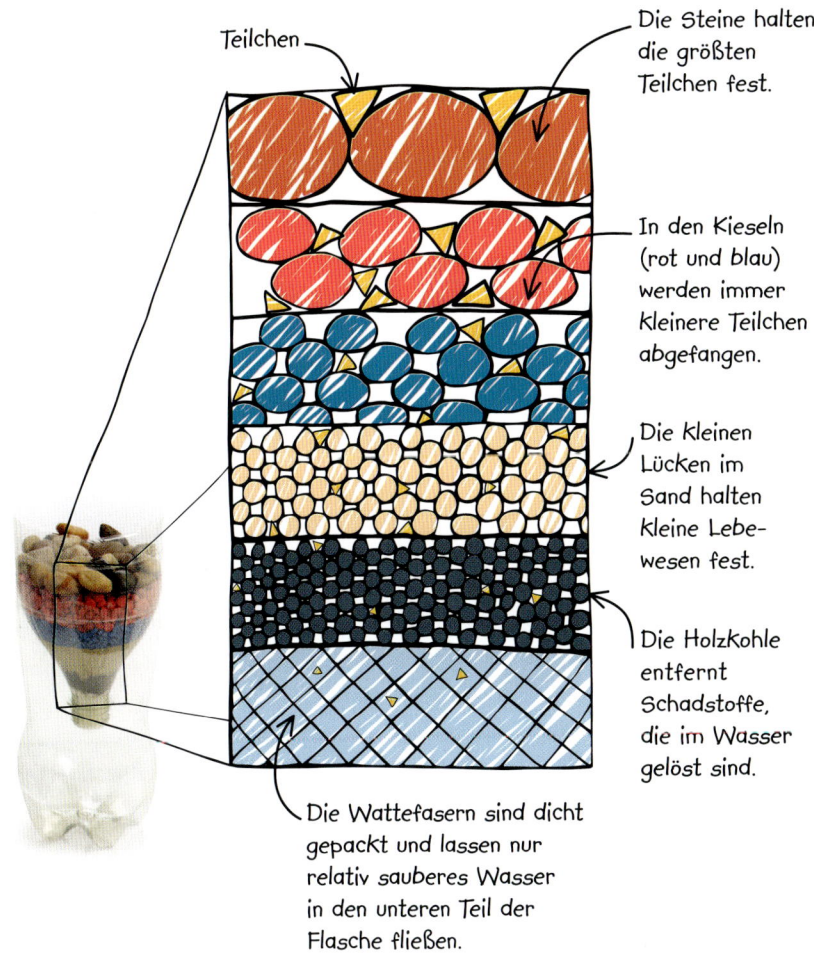

Teilchen

Die Steine halten die größten Teilchen fest.

In den Kieseln (rot und blau) werden immer kleinere Teilchen abgefangen.

Die kleinen Lücken im Sand halten kleine Lebewesen fest.

Die Holzkohle entfernt Schadstoffe, die im Wasser gelöst sind.

Die Wattefasern sind dicht gepackt und lassen nur relativ sauberes Wasser in den unteren Teil der Flasche fließen.

IN KATASTROPHENGEBIETEN
LEBENSRETTENDER STROHHALM

Nach Naturkatastrophen wie Erdbeben oder Überflutungen ist oft kein sauberes Trinkwasser zu finden. Der „LifeStraw" ist ein Filter, mit dem die Menschen direkt aus allen Gewässern trinken können, egal, wie schmutzig sie sind. Die Poren der dicht gepackten Fasern fangen die winzigen Organismen ab, die sonst Krankheiten verursachen würden.

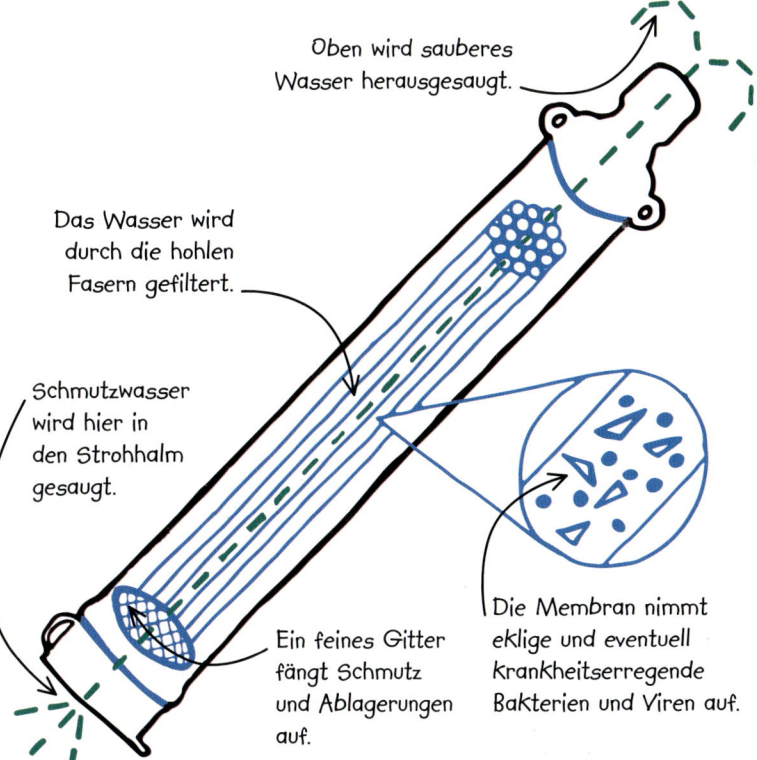

Oben wird sauberes Wasser herausgesaugt.

Das Wasser wird durch die hohlen Fasern gefiltert.

Schmutzwasser wird hier in den Strohhalm gesaugt.

Ein feines Gitter fängt Schmutz und Ablagerungen auf.

Die Membran nimmt eklige und eventuell krankheitserregende Bakterien und Viren auf.

WACHSENDER TROPFSTEIN

In vielen Höhlen hängen wunderschöne, glänzende Kristallstrukturen von der Decke. Es sind Stalaktiten – zugespitzte, oft riesige natürliche Zapfen, die aus den Mineralen bestehen, die in tropfendem Regenwasser enthalten sind. Einige dieser Tropfsteine, die wie Eiszapfen geformt sind, sind viele Tausend Jahre alt. Hier kannst du eine dunkle, geheimnisvolle Höhle erschaffen und zusehen, wie dein eigener Stalaktit Tag für Tag wächst.

Dunkle Farbe verleiht deiner Höhle ein düsteres Aussehen.

In deiner Höhle tropft eine Lösung von einer Schnur, sodass sich langsam ein Stalaktit bildet.

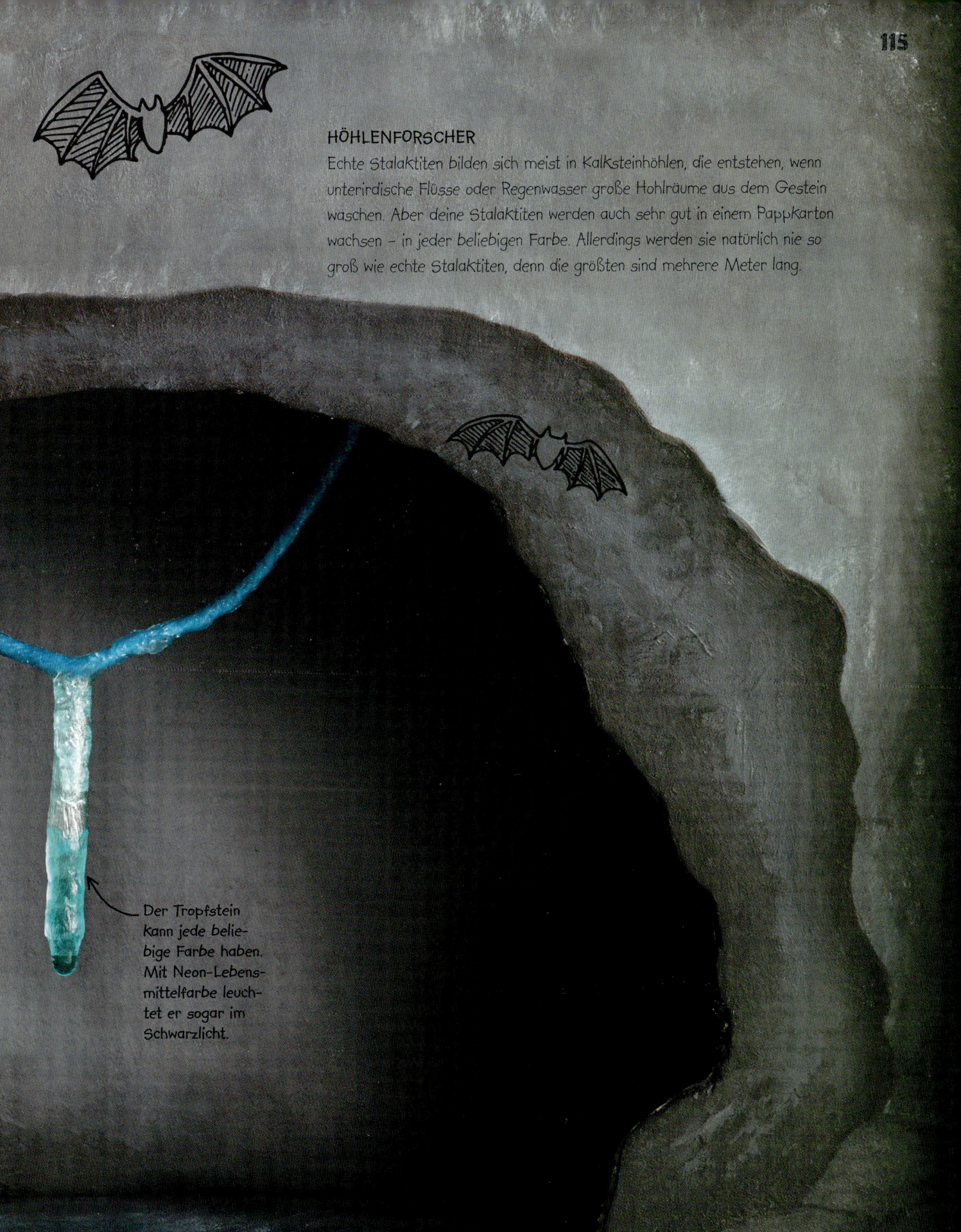

HÖHLENFORSCHER

Echte Stalaktiten bilden sich meist in Kalksteinhöhlen, die entstehen, wenn unterirdische Flüsse oder Regenwasser große Hohlräume aus dem Gestein waschen. Aber deine Stalaktiten werden auch sehr gut in einem Pappkarton wachsen – in jeder beliebigen Farbe. Allerdings werden sie natürlich nie so groß wie echte Stalaktiten, denn die größten sind mehrere Meter lang.

Der Tropfstein kann jede beliebige Farbe haben. Mit Neon-Lebensmittelfarbe leuchtet er sogar im Schwarzlicht.

SO MACHST DU EINEN

WACHSENDEN TROPFSTEIN

Wirf den Schuhkarton deiner Turnschuhe nicht weg, denn er ist perfekt für die Höhle. Um einen Stalaktiten zu produzieren, brauchst du weißes Pulver namens Magnesiumsulfat (oft auch Bittersalz genannt). Das gibt es in den meisten Apotheken. Der Stalaktit braucht mindestens 1 Woche, bis er sich bildet, daher musst du Geduld haben. Denk daran: Du darfst das Bittersalz nicht in den Mund nehmen und musst dir die Hände waschen, wenn du es berührt hast. Das Mineral ist nicht giftig, aber es kann Magenverstimmungen verursachen.

Dauer
15 Minuten plus
1 Woche Wartezeit

Schwierigkeitsgrad
Mittel

DU BRAUCHST:

2 Gläser

Schere

Plastikbecher

Farbe

Löffel

Schnur

Pinsel

Krug mit warmem Wasser

Lebensmittelfarbe

Bittersalz

Schuhkarton

1 Ist der Deckel mit der Schachtel verbunden, schneide ihn ab. Dann schneide ein rundes Loch in den Deckel – den Höhleneingang. Schneide den Deckel so zu, dass er genau in die Schachtel passt. Markiere die Seite des Kartons, die die Decke der Höhle werden soll.

2 Schneide jetzt einen etwa 1 cm breiten und 15 cm langen Schlitz in die Höhlendecke. Du musst dich mit diesen Maßen nach der Größe deines Kartons richten. Durch diese Öffnung wird später die Schnur herunterhängen.

3 Male den Karton grau an, wie eine Höhle. Wenn sie möglichst echt aussehen soll, male noch Streifen in anderen Farben hinein. Sie stellen die verschiedenen Minerale im Gestein dar.

4 Mische die Lebensmittelfarbe mit dem warmen Wasser und schütte es dann in beide Gläser. Gib unter ständigem Umrühren in beide Gläser so viel Bittersalz, bis es sich nicht mehr auflöst.

5 Schneide den Boden des Plastikbechers ab, sodass du eine flache Schüssel erhältst. Sie fängt die Tropfen auf, wie du im folgenden Schritt sehen kannst.

Mach die ganze Schnur zuerst nass, bevor du sie in die Gläser hängst.

Dort, wo die Flüssigkeit abtropft, bildet sich der Stalaktit.

6 Schneide 40 cm Schnur ab und lege etwa 10 cm der Enden in die Gläser. Stell je ein Glas auf die beiden oberen Ecken des Kartons. Die Mitte der Schnur muss in V-Form durch den Schlitz hängen.

7 Lass diesen Aufbau mindestens 1 Woche stehen – je länger, desto besser. Während die Flüssigkeit abtropft, bildet sich der Stalaktit.

SO FUNKTIONIERT'S

Wenn sich das Bittersalz im Wasser löst, wird es in Ionen aufgespalten. Diese vermischen sich gleichmäßig und unsichtbar mit den Wassermolekülen und bilden eine konzentrierte Lösung. Die Schnur saugt die Lösung auf ihrer ganzen Länge durch Tausende winziger Hohlfasern auf. Tropft die Flüssigkeit dann langsam hinunter, verbinden sich manche der Ionen in der Lösung und bilden einen festen Kristall, während das Wasser abtropft. Je mehr Ionen sich verbinden, desto größer wird der Kristall.

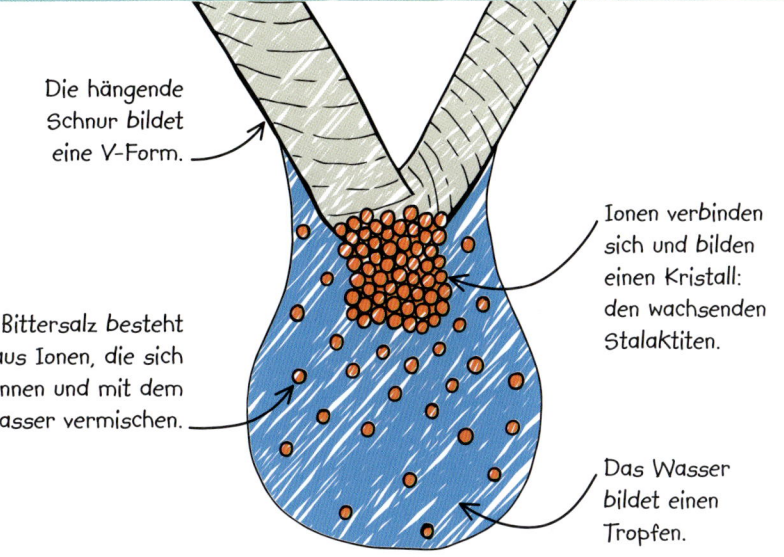

Die hängende Schnur bildet eine V-Form.

Ionen verbinden sich und bilden einen Kristall: den wachsenden Stalaktiten.

Bittersalz besteht aus Ionen, die sich trennen und mit dem Wasser vermischen.

Das Wasser bildet einen Tropfen.

SPRUDELNDE BADEPERLEN

Sorge für einen Sprudelfaktor in der Badewanne mit deinen
eigenen, duftenden Badeperlen. Dieses Experiment
führt eine Säure-Base-Reaktion vor: Weinstein
(eine Säure) und Natron (eine Base)
lösen sich in Wasser auf und erzeugen
sanft sprudelnde Bläschen. Damit
kannst du wunderbar
entspannen.

Die Badeperlen lösen
sich im Wasser auf.

Die Lebensmittelfarbe
in den Perlen färbt das
Badewasser.

SCHAUMBAD

Wenn die Badeperlen ins Wasser tauchen, werden bei einer chemischen Reaktion Kohlenstoffdioxid-Bläschen freigesetzt. Während sich die Perlen auflösen, werden gleichzeitig andere Dinge frei, die du mit hineingegeben hast, darunter Lebensmittelfarbe, Olivenöl und ätherische Öle.

Eine chemische Reaktion setzt Kohlenstoffdioxid-Bläschen frei.

SO MACHST DU

SPRUDELNDE BADEPERLEN

Für die Badeperlen musst du zwei trockene Chemikalien vermischen: Weinstein und Natron. Die beiden reagieren nur miteinander, wenn sie in Wasser getaucht werden. Wenn du noch Olivenöl dazumischst, wird deine Haut gepflegt. Ätherische Öle duften herrlich und die Lebensmittelfarbe macht dein Badevergnügen auch noch bunt.

Dauer
30 Minuten plus
2 Tage trocknen

Schwierigkeitsgrad
Mittel

DU BRAUCHST:

Förmchen (Silikon eignet sich am besten.)

Große Schüssel

150 g Weinstein

Ätherische Öle, z. B. Lavendelöl

300 g Natron

Wasser im Zerstäuber

Olivenöl

Teelöffel

Lebensmittelfarbe

Esslöffel

1 Schütte 2 Teelöffel Olivenöl in die große Schüssel. Das Öl bindet die übrigen Zutaten und im Bad wird es deine Haut pflegen. Gib das Natron, den Weinstein und ein paar Tropfen ätherische Öle wie Lavendelöl hinzu.

2 Gib mindestens 15 Tropfen Lebensmittelfarbe in die Schüssel: Das Pulver nimmt die Farbe auf und sie wird blasser. Du siehst es daran, dass sich winzige Tröpfchen an der Oberfläche bilden.

Vermische das trockene Pulver gut mit den feuchten Zutaten.

Wenn du genau aufpasst, hörst du ein Zischen.

3 Rühre mit einem Esslöffel alle Zutaten zu einer gleichmäßigen Mischung. Du wirst sehen, dass die Mischung anfangs sehr pulverig bleibt und dass noch winzige Tröpfchen Lebensmittelfarbe vorhanden sind, aber keine Sorge: Die Konsistenz ändert sich, wenn du im nächsten Schritt Wasser hinzufügst.

4 Gib ein paar Spritzer Wasser in deine Mischung. Es zischt leise, wenn sich der Weinstein im Wasser löst und anfängt, mit dem Natron zu reagieren.

Forme eine Klippe aus der Mischung. Wenn sie bröckelt, braucht sie mehr Wasser.

5 Die Mischung dürfte jetzt nicht mehr so pulverig sein, sondern sich eher wie feuchter Sand anfühlen. Stecke den Löffel hinein. Wenn das Pulver nicht bröckelt, kannst du die Mischung in die Förmchen füllen. Ansonsten gib noch ein paar Spritzer Wasser hinzu und mische alles durch, bis die Mischung die gewünschte Konsistenz hat.

Löffle die Mischung in die Förmchen.

Fülle die Förmchen bis dicht unter den Rand.

Gib in jede Form dieselbe Menge.

Drücke die
Mischung fest in
die Förmchen.

Lass die
Badeperlen
2 Tage ruhen.

6 Wenn alle Förmchen gefüllt sind, drücke die Mischung mit deinen Fingern fest. Mit den Fingern oder einem Löffel kannst du das Pulver auch gleichmäßig verteilen. Die Förmchen sollten möglichst vollgepackt sein und eine glatte Oberfläche haben.

7 Lass die Badeperlen mindestens 2 Tage lang trocknen. Wenn das Wasser verdunstet, werden sie immer härter. Das Olivenöl verbindet die trockenen Pulver miteinander und verhindert, dass sie vollständig austrocknen und zerbröseln.

Löse die Förmchen
vorsichtig, damit die
Perlen nicht zerbrechen.

Wenn die Oberfläche nicht
ganz glatt ist, macht es
auch nichts – die Form
ist nicht wichtig für die
Wirkung der Badeperlen.

Die Reaktion
von Säuren und
Basen in Wasser
nennt man
„Neutralisations-
reaktion".

8 Nach ein paar Tagen kannst du die Perlen vorsichtig aus den Förmchen lösen. Silikonformen kannst du gleich wieder für die nächste Ladung Badeperlen verwenden – vielleicht diesmal in einer anderen Farbe.

9 Die Badeperlen sind fertig – aber denk daran, sie vor Nässe zu schützen ... natürlich nur, bis du sie mit in die Badewanne nimmst.

10 Bei deinem nächsten Bad kannst du nun eine selbst gemachte Badeperle ins Wasser geben und die sprudelnden Blasen genießen. Während die Perle beim Auflösen den Bläschenstrom abgibt, kannst du mit der angenehmen Pflegewirkung des Olivenöls und beim beruhigenden Duft der ätherischen Öle wunderbar entspannen.

NOCH EINE IDEE

Kennst du jemanden, der nichts mehr liebt als ein entspannendes Bad? Duftende, sprudelnde Badeperlen sind das perfekte Geschenk. Du kannst verschiedene Zutaten dazumischen, z. B. getrocknete Lavendelblüten oder Rosenblätter, wie hier gezeigt. Wenn du möchtest, kannst du sie auch schön verpacken.

1 Mit getrockneten Rosenblättern erhältst du ganz besondere Badeperlen. Auch andere getrocknete Blüten eignen sich gut. Vermische sie einfach zusammen mit den anderen Zutaten.

2 Folge dann den restlichen Schritten dieses Experiments. Wenn die duftenden Badeperlen fertig sind, bleiben die Blüten darin gefangen, bis sie in der Badewanne freigesetzt werden.

SO FUNKTIONIERT'S

Das Sprudeln der Badeperlen zeigt, dass eine chemische Reaktion stattfindet. Der wissenschaftliche Name für die Base Natron ist Natriumhydrogenkarbonat. Sie reagiert mit der Säure Kaliumhydrogentartrat (Weinstein) und teilt sich in drei Bestandteile: Natrium (das sich in Wasser löst), Hydroxid (das sich mit dem Wasserstoff aus der Säure zu Wasser verbindet) und Kohlenstoffdioxidgas (das die Bläschen bildet).

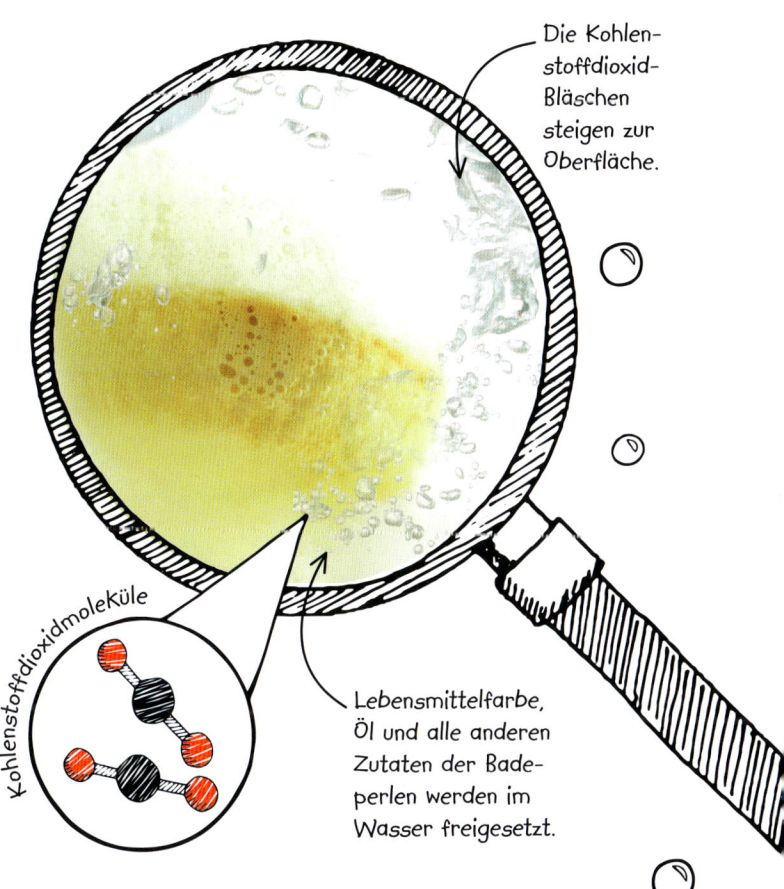

Die Kohlenstoffdioxid-Bläschen steigen zur Oberfläche.

Kohlenstoffdioxidmoleküle

Lebensmittelfarbe, Öl und alle anderen Zutaten der Badeperlen werden im Wasser freigesetzt.

IM ALLTAG
SPRUDELTABLETTE

Vitamintabletten enthalten oft eine Base und eine Säure, die miteinander reagieren, wenn sie in ein Glas Wasser geworfen werden. Die Vitamine werden in einem sprudelnden Getränk freigesetzt, das sich viel besser schlucken lässt als eine trockene Tablette.

KUGELN AUS EIS

Diese bunt gemusterten Kugeln könnte man leicht für wertvolle Edelsteine, geheimnisvolle Lebewesen aus der Tiefsee oder gar für fremde Planeten im Weltall halten. Tatsächlich sind es aber einfach nur gefärbte Eiskugeln. Keine zwei Eiskugeln sehen gleich aus, weil sich die beigemischte Lebensmittelfarbe in dem geschmolzenen Eis jeder Kugel anders verteilt. Denk aber daran: Die Kugeln halten nicht ewig. Du solltest deine wunderschönen Kreationen vielleicht fotografieren, bevor sie schmelzen.

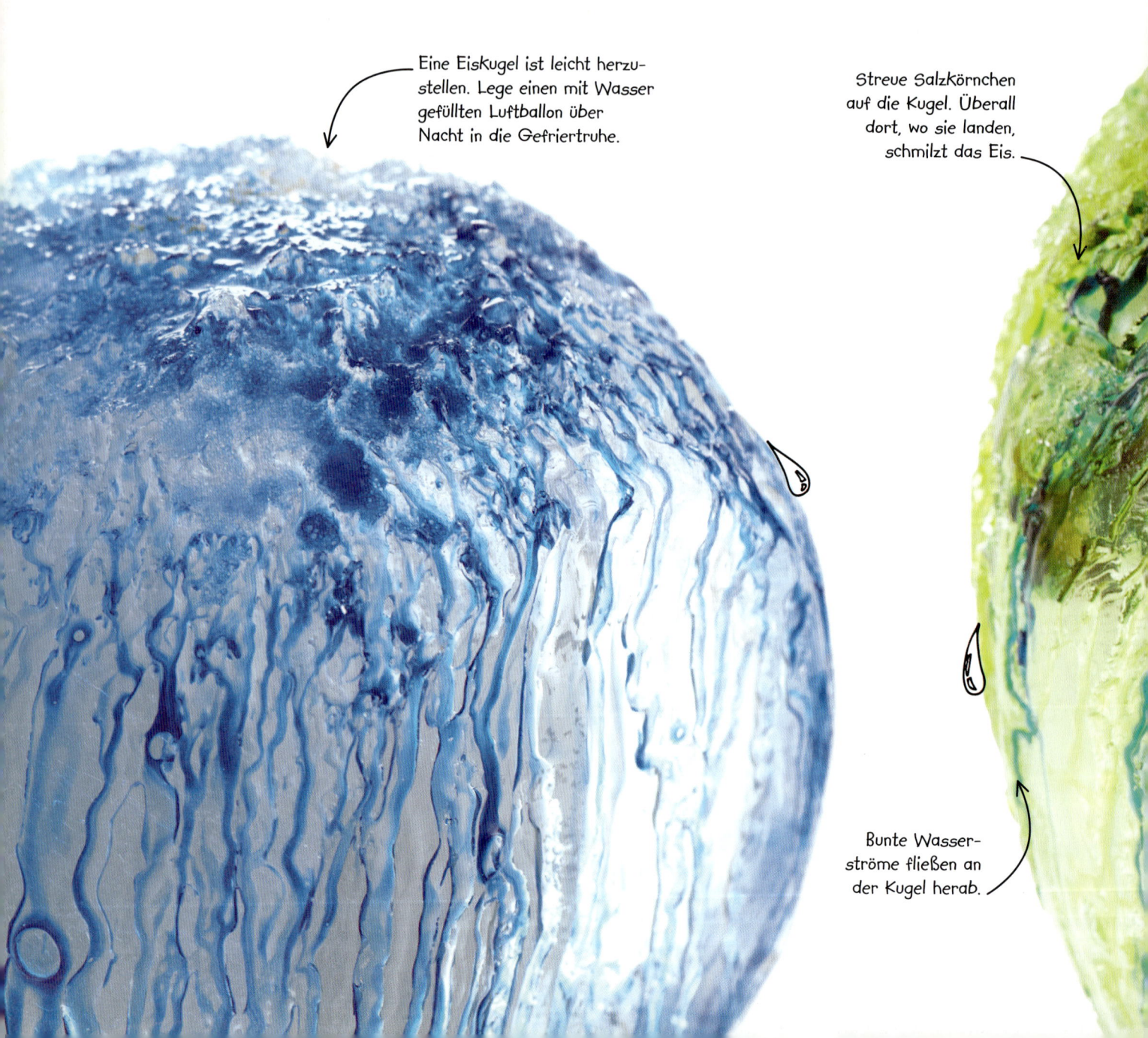

Eine Eiskugel ist leicht herzustellen. Lege einen mit Wasser gefüllten Luftballon über Nacht in die Gefriertruhe.

Streue Salzkörnchen auf die Kugel. Überall dort, wo sie landen, schmilzt das Eis.

Bunte Wasserströme fließen an der Kugel herab.

BUNTE EISKUNSTWERKE

Für diese schön anzusehenden Kugeln wird Wasser in Luftballons
gefroren. Wenn du Salz auf das Eis streust, schmelzen manche
Partien und es entstehen kleine Rinnsale, die an den Kugeln
herablaufen. Gib Lebensmittelfarbe hinzu und beobachte,
wie sie sich im flüssigen Wasser auflöst und die
Rinnsale in verschiedenen Farben einfärbt.

SO MACHST DU
KUGELN AUS EIS

Dieses einfache, aber beeindruckende Experiment hat spektakuläre Ergebnisse: Stell eine Eiskugel her, streue Salz und Lebensmittelfarbe darauf und sieh zu, wie die tollsten Muster entstehen. Du musst aber vorsichtig sein, denn durch das Salz wird das Eis noch *kälter*. Mischungen aus Salz und Eis können bis -21 Grad kalt werden. Daher darfst du das Eis dort, wo es mit Salz vermischt ist, auf keinen Fall berühren.

Dauer
10 Minuten plus
Zeit zum Gefrieren

Schwierigkeitsgrad
Leicht

DU BRAUCHST:

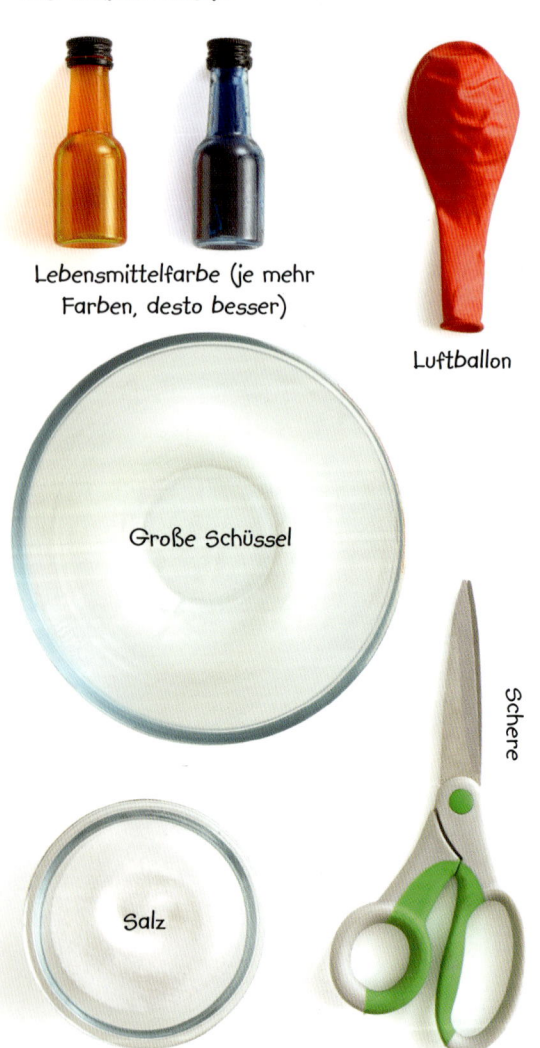

Lebensmittelfarbe (je mehr Farben, desto besser)

Luftballon

Große Schüssel

Salz

Schere

Du brauchst außerdem eine Gefriertruhe und einen Wasserhahn.

Wenn in der Gefriertruhe genug Platz ist, lege den Ballon in eine Schüssel, damit er schön rund bleibt.

1 Ziehe die Öffnung des Luftballons über einen Wasserhahn. Drehe den Hahn ganz leicht auf und fülle den Ballon zur Hälfte mit Wasser. Nimm ihn ab und binde ihn zu. Lege den Ballon in die Gefriertruhe und lass ihn über Nacht dort liegen.

Fühlt sich das Eis zu kalt an, dann benutze Handschuhe.

2 Nimm den Ballon am nächsten Tag aus der Gefriertruhe. Er ist sicher hart, weil das Wasser zu Eis gefroren ist. Schneide das zusammengeschnürte Ende des Ballons auf und ziehe den Gummi ab.

3 Lege den Eisball wieder in eine Schüssel oder auf ein Tablett. Streue ein wenig Salz darauf. Sieh zu, wie das Eis um die Salzkörner schmilzt. Die Oberfläche erhält lauter winzige Löcher.

4 Tropfe etwas Lebensmittelfarbe auf das Eis. Der größte Teil der Farbe bleibt oben auf dem festen Eis liegen, aber dort, wo das Eis schmilzt, rinnt es an den Seiten in farbenfrohen Flüssen hinunter.

5 Damit deine Kreation noch schöner wird, kannst du mehrere Farben verwenden. Und wenn du die Kugel von unten beleuchtest, etwa mit einer Taschenlampe, ist die Wirkung spektakulär!

SO FUNKTIONIERT'S

Salzkörner sind Kristalle. Sie bestehen aus zwei miteinander verbundenen Teilchen: Natriumionen und Chloridionen. Wird Salz auf eine Eiskugel gestreut, trennen die Ionen die normale Anordnung der Wassermoleküle im Eis. Werden die Wassermoleküle getrennt, wird das Eis flüssig. Da sich die Natrium- und Chloridionen an die Wassermoleküle binden, können sich die Wassermoleküle untereinander nicht mehr verbinden, es sei denn, die Temperaturen werden wieder extrem kalt.

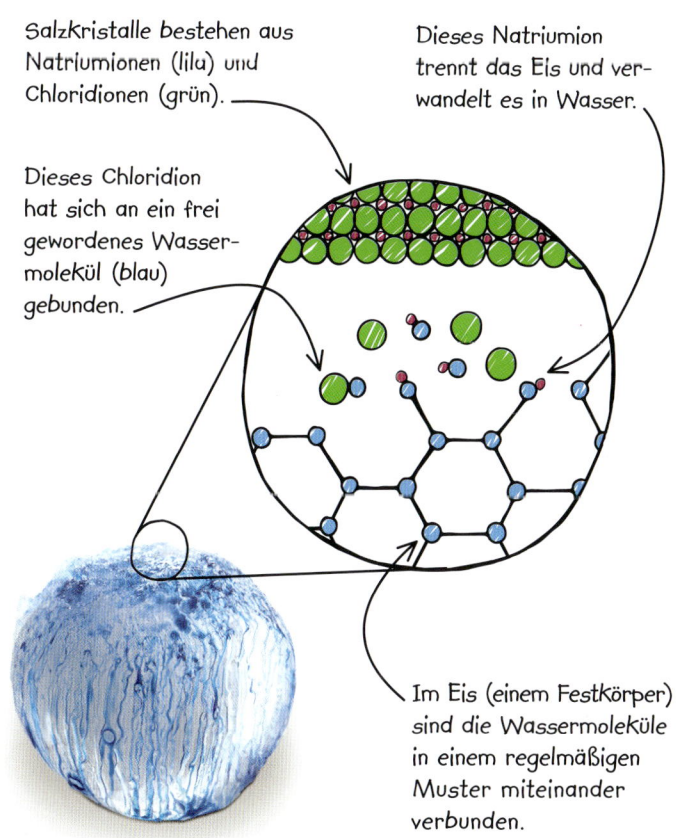

Salzkristalle bestehen aus Natriumionen (lila) und Chloridionen (grün).

Dieses Natriumion trennt das Eis und verwandelt es in Wasser.

Dieses Chloridion hat sich an ein frei gewordenes Wassermolekül (blau) gebunden.

Im Eis (einem Festkörper) sind die Wassermoleküle in einem regelmäßigen Muster miteinander verbunden.

IM ALLTAG
WINTERDIENST

Bei frostigen Temperaturen streuen spezielle Fahrzeuge Salz auf die Straßen und Gehsteige, damit keine Unfälle passieren und niemand ausrutscht. Das Salz schmilzt den dort liegenden Schnee und das Eis. Es verhindert auch gleichzeitig die erneute Entstehung von Eis. Das funktioniert, weil Salz den Gefrierpunkt von Wasser herabsetzt.

IN FREIER NATUR

Naturwissenschaft bringt oft frischen Wind ins Gehirn – besonders, wenn du zum Forschen ins Freie gehst. Bei den folgenden Projekten schaffst du eigene Naturwunder, vom Dschungel in der Flasche bis hin zu einem ausbrechenden Vulkan. Mit lichtempfindlichem Papier und einigen Blättern oder Vogelfedern kannst du sogar Sonnenenergie einfangen und nutzen. Du wirst auch die Windgeschwindigkeit messen – und zwar mit einem Messgerät, das hauptsächlich aus Papierbechern besteht. Wenn du künstlerisch begabt bist, kannst du außerdem so manche wunderschöne Dinge herstellen und aufbewahren.

FLASCHEN-DSCHUNGEL

Bei diesem Experiment pflanzt du einen Dschungel, der lebt und wächst, ohne dass du dich großartig um ihn kümmern müsstest. Du brauchst ihn nur einmal mit Wasser zu versorgen, und dann wird er sich erstaunlicherweise selbst bewässern. Er produziert „Regen" – und zwar fast auf dieselbe Weise wie ein echter Dschungel mit seinen vielen durstigen Bäumen.

GESCHLOSSENES SYSTEM

Die Pflanzen in diesen Flaschen gedeihen gut, obwohl weder Luft noch Wasser hinein- oder heraus-dringen können. Sie gehören zu einem Ökosystem, in dem alle Lebewesen – die Tiere, die Pflanzen und sogar der Boden – gemeinsam für das Überleben aller sorgen.

Die Pflanze
braucht das Licht
der Sonne, das
durch die durch-
sichtige Flasche
dringt.

An der
Innenseite
sammelt sich
Wasser.

Du kannst Moos
und andere
kleine Pflanzen
hinzugeben.

Die Erde speichert
das Wasser wie
ein Schwamm.

SO MACHST DU EINEN
FLASCHENDSCHUNGEL

Der kleine Dschungel braucht eine gesunde Pflanze in sauberer Erde und eine 1,5 oder 2 Literflasche, in die du ein paar Steine, Pistazienschalen und Holzkohle füllst. Nimm am besten „Aktivkohle", denn sie nimmt besonders viel Flüssigkeit auf. Findest du keine, dann zerkleinere normale Holzkohle. Holzkohle nimmt Chemikalien auf, die von toten Pflanzen erzeugt werden, und verhindert, dass dein Dschungel anfängt zu stinken.

Dauer
20 Minuten

Schwierigkeitsgrad
Mittel

DU BRAUCHST:

Klebeband

Pistazienschalen

Kieselsteine

Wasser in einem Zerstäuber

Schere

Plastikflasche
(1,5 oder 2 Liter)

Zerkleinerte Holzkohle   Topfpflanze

1 Schneide die Flasche so in zwei Teile, dass der untere etwa 10 cm hoch ist. Lege den oberen Teil zunächst beiseite. Lege eine Schicht kleiner Steinchen in den unteren Teil und schütte Holzkohle darauf.

2 Schütte Pistazienschalen auf die Holzkohle. Sie bilden eine Barriere, die verhindert, dass die Erde, die als Nächstes kommt, zwischen die Holzkohle und die Steine fällt.

3 Nimm die Pflanze vorsichtig aus ihrem Topf und setze sie auf die Pistazienschalen. Versuche dabei, die Schichten nicht durcheinanderzubringen.

Achte auf die scharfe Kante!

4 Gib Erde aus dem Topf dazu und drücke sie sanft fest. Überschüssiges Wasser tropft dabei durch die Holzkohle, aber die Steine verhindern, dass der Dschungel zu sumpfig wird.

5 Sprühe die Blätter mit Wasser ein und schütte auch ein wenig Wasser in die Erde, sodass sie leicht feucht ist. Dann wird dein Ökosystem vom Rest der Welt abgeschottet.

Drehe den Verschluss fest zu, damit keine Luft mehr hineingelangt.

Die Verbindung muss luftdicht verschlossen sein.

6 Setze das Oberteil auf das Unterteil. Zum letzten Mal gelangen Luft und Wasser hinein beziehungsweise hinaus. Versiegle die Verbindung zwischen den Teilen luft- und wasserdicht mit einem Streifen Klebeband.

7 Stell den Dschungel an einen hellen, warmen Ort, aber nicht ins direkte Sonnenlicht. Wenn die Flasche zu heiß wird, verdunstet das Wasser vom Boden der Flasche, sodass die Pflanze es nicht aufnehmen kann.

SO FUNKTIONIERT'S

In der Natur wandert ständig Wasser durch alle Pflanzen. Dieser Prozess heißt Transpiration. Das Wasser steigt aus den Wurzeln auf und wird durch winzige Löcher in den Blättern als unsichtbarer Dampf wieder abgegeben. Dieser verwandelt sich in Wassertropfen, die dann Wolken bilden. In deinem Dschungel legt sich der Dampf als Tropfen an die Innenseite der Flasche. Das Wasser tropft dann wie Regen auf die Erde und der Kreislauf beginnt von vorn.

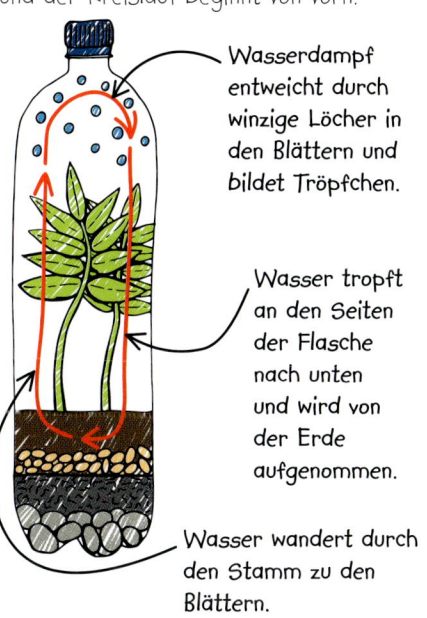

Wasserdampf entweicht durch winzige Löcher in den Blättern und bildet Tröpfchen.

Wasser tropft an den Seiten der Flasche nach unten und wird von der Erde aufgenommen.

Wasser wandert durch den Stamm zu den Blättern.

IN DER NATUR REGENWALD

Der Fachbegriff für Dschungel ist „tropischer Regenwald". Tropisch bedeutet, dass er nahe des Äquators liegt. Im Regenwald des Amazonas herrscht immer viel Nebel. Jeder Baum saugt täglich Hunderte Liter Wasser auf. Die Luft ist immer voller Wasserdampf und es regnet sehr viel.

FANTASTISCHE FOSSILIEN

Wir wissen, welche Tiere und Pflanzen vor langer Zeit auf der Erde lebten, weil einige von ihnen nach ihrem Tod als Fossilien versteinert wurden. Echte Fossilien bilden sich über einen Zeitraum von vielen Millionen Jahren, aber du kannst sie innerhalb von 24 Stunden herstellen. Anschließend kannst du sie im Sand vergraben und Fossiliensammler werden ... Der Erfolg ist dir sicher!

Wähle die Farben so, dass die „Fossilien" gut zu erkennen sind.

DER RICHTIGE ABDRUCK

In diesem Experiment stellst du aus
Gips eine fossile Muschelschale her und
malst sie so an, dass sie uralt aussieht.
Du kannst auch andere Lebewesen
oder ihre Teile als Modelle benutzen.
Achte beim nächsten Spaziergang im
Park oder am Strand auf interessante
Dinge. Dort findest du vieles, was du
verwenden kannst.

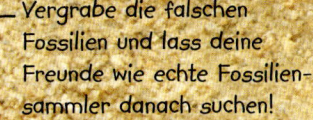

Vergrabe die falschen
Fossilien und lass deine
Freunde wie echte Fossilien-
sammler danach suchen!

SO MACHST DU
FANTASTISCHE FOSSILIEN

Die wichtigste Zutat zur Herstellung deiner Fossilien ist Gips. Dieses Pulver wird mit Wasser zu einem dicken Brei gemischt, der dann beim Trocknen hart wird. Am besten lässt du dir zur Sicherheit von einem Erwachsenen helfen. Am meisten Spaß macht die Auswahl des fossilen Gegenstands: Es kann eine Muschel sein, aber auch alles andere, was interessant aussieht.

Dauer
10 Minuten plus
12 Stunden zum Trocknen

Schwierigkeitsgrad
Leicht

Achtung
Beim Umgang mit Gips brauchst du die Hilfe eines Erwachsenen!

DU BRAUCHST:

Plastikschüssel

Muschel

Farben

Gips

Modelliermasse

Messbecher, mit Wasser gefüllt

Löffel

Pinsel

1 Mische den Gips mit Wasser. Verwende etwas weniger Wasser als auf der Gebrauchsanweisung angegeben. Eine Tasse Wasser für jede Tasse Gips müsste einen dickflüssigen Brei ergeben, der für deine Zwecke genau richtig ist.

2 Lege den Boden der Plastik-schüssel mit der Modellier-masse aus. Die Schicht sollte etwa 2 cm dick sein. Drücke die Masse mit den Fingern fest, damit sie flach in der Schüssel liegt.

3 Nimm die Muschel zur Hand und drücke sie fest in die Modelliermasse. Halte sie dort 30 Sekunden lang fest, damit sie einen klaren Abdruck hinterlässt. Nimm sie vorsichtig heraus, sodass der Abdruck nicht zerstört wird.

4 Gieße nun den Gipsbrei über den Abdruck der Muschel und lass die Schüssel mindestens 12 Stunden stehen, damit der Gips hart wird. Denk daran: In Wirklichkeit dauert der Vorgang Tausende oder gar Millionen Jahre!

Erst wenn der Gips hart ist, kannst du ihn anmalen.

5 Wenn der Gips ausgehärtet ist, löst du ihn vorsichtig von der Modelliermasse – entweder mit den Fingern oder einem Messer. Mit dem Messer sollte dir ein Erwachsener helfen. Wenn du den Gips umdrehst, siehst du das Fossil.

6 Male das Fossil und den restlichen Gips so an, dass der „Fund" echt aussieht. Fertige nun Abdrücke von anderen Dingen an, die du findest. Frage aber vorher um Erlaubnis, damit du nicht aus Versehen wertvolle Gegenstände nimmst.

SO FUNKTIONIERT'S

Die künstliche Fossilie ähnelt Abdrücken, die entstehen, wenn die Weichteile von Lebewesen verrotten und Hohlräume zurücklassen, die sich mit Schlamm füllen. Dieser wird im Lauf von Millionen Jahren zu Stein. Forscher fanden z. B. versteinerte Dinosaurier-Fußabdrücke.

Der Dinosaurier hinterlässt tiefe Abdrücke.

Ein Dinosaurier hinterlässt bei Ebbe Fußabdrücke im weichen Schlamm.

Ein Fossiliensammler trägt Gestein ab und findet einen Abdruck.

Mit der Flut füllt sich der Abdruck mit Schlamm, der mit der Zeit versteinert, sodass der Abdruck erhalten bleibt.

IN DER NATUR
FOSSILER TRILOBIT

Die im Meer lebenden Trilobiten starben vor 250 Millionen Jahren aus. Sie hatten keine Knochen, sondern eine harte Außenschale. Nach ihrem Tod zersetzte sich das weiche Innere und Minerale füllten die entstandenen Hohlräume aus. So wurden sie zu Fossilien.

PFLANZE AUS DER SCHACHTEL

Pflanzen brauchen Nahrung aus demselben Grund wie du: damit sie am Leben bleiben und wachsen. Aber im Gegensatz zu dir können Pflanzen ihre Nahrung mithilfe von Sonnenenergie selbst erzeugen. Bei diesem Experiment erfährst du, wie dringend sie dazu das Sonnenlicht brauchen. Du zwingst den Sprössling einer Bohnenpflanze, einen Weg durch ein Labyrinth in einer dunklen Schachtel zu finden – nur mithilfe eines dünnen Lichtstrahls. Die Vorbereitung des Experiments geht schnell, aber auf das Ergebnis musst du lange warten. Selbst sehr schnell wachsende Bohnenarten brauchen ein paar Tage, um so groß zu werden.

ZUM LICHT HIN

Du wirst staunen, wie gut deine Pflanze den Weg durch das Labyrinth findet. Auf ihrer unermüdlichen Suche nach dem Licht biegt sie sich wie eine Schlange hin und her und strebt nach oben. Sie kann das, weil die beiden Seiten des Stängels unterschiedlich schnell wachsen, je nachdem, wie viel Licht sie erhalten.

Es dauert 1 Woche, vielleicht auch länger, aber dann siehst du frische grüne Blätter aus der Schachtel sprießen.

SO MACHST DU EINE
PFLANZE AUS DER SCHACHTEL

Das Experiment ist leicht für dich und schwer für die Pflanze! Du baust einen Hindernisparcours für eine Bohnenpflanze. Für die Arbeit mit der Schere brauchst du vielleicht Hilfe, aber sonst nicht. Das Experiment kann beginnen, wenn aus dem Samen ein Sprössling gewachsen ist. Stell den Topf mit dem Samen auf ein Fensterbrett und warte ein paar Tage. Inzwischen baust du das Labyrinth. Jetzt kannst du der Pflanze beim Wachsen zuschauen.

Dauer
45 Minuten plus
Zeit zum Wachsen

Schwierigkeitsgrad
Mittel

DU BRAUCHST:

Karton

Kompost im Plastikbecher

Klebeband

Bohnensamen

Farben

Pinsel

Wasser in Sprühflasche

Schere

Schuhschachtel

1 Setze einen Bohnensamen etwa 2,5 cm tief in frische Komposterde oder in feine Gartenerde, falls du keinen Kompost hast.

2 Befeuchte den Kompost mit dem Wasser aus der Sprühflasche – so treibt der Samen schon in wenigen Tagen aus. Stell den Topf an einen sonnigen Platz.

Dass Pflanzen zum Licht hin wachsen, nennt man „Fototropismus".

Falte die Ecken der Kartons zu Laschen.

3 Nimm die Schachtel und schneide ein 5 cm langes und 2,5 cm breites Loch in die Mitte einer schmalen Seite. Klebe alle anderen Löcher zu, damit an keiner anderen Stelle Licht in die Schachtel fällt.

4 Bemale die Schachtel innen und außen, denn dann sieht sie schön aus, wenn du sie vorzeigen möchtest. Nimm weiße Farbe als Grundlage und male dunkelgrün darüber. Du kannst auch einfach deine Lieblingsfarbe wählen.

5 Schneide 2 Blätter Karton so zu, dass sie in die Schachtel passen. Sie sollten so breit sein, dass du an beiden Seiten Laschen falten kannst. Schneide jeweils in der Nähe eines Endes ein rechteckiges Loch aus.

Sobald der Sprössling austreibt, braucht die Pflanze Licht zum Wachsen.

Die Kartons sind die Hindernisse, durch die sich der Spross einen Weg bahnen muss.

6 Klebe die Laschen der Kartons mit Klebeband an den Schachtelwänden fest. Sie sollten die Schachtel in drei gleich große Abschnitte teilen. Die Löcher dürfen nicht auf derselben Seite sein.

7 Sieh inzwischen immer wieder nach, ob der Samen wächst oder „keimt". Sprühe immer wieder Wasser darauf. Sobald der Sprössling sichtbar wird, kannst du das Experiment beginnen.

Durch das Loch oben in der Schachtel fällt ein wenig Licht herein.

Die Pflanze erhält nur so viel Licht, wie durch das Loch im unteren Karton dringt.

8 Lege den Plastikbecher mit dem Kompost und der wachsenden Pflanze quer unten in die Schachtel. Die Öffnung des Bechers sollte direkt unter dem Loch im unteren Karton liegen.

NOCH EINE IDEE

Siehst du, wie gut sich die Pflanze ihren Weg durch das Labyrinth bahnt? Du kannst es ihr auch schwerer machen. Versuche es mit kleineren Löchern oder einem zusätzlichen Karton. Du kannst auch andere Elemente verändern. Was passiert, wenn die Schachtel geöffnet bleibt? Macht es einen Unterschied, wenn du das Loch auch verschließt? Wird sich eine Pflanze ohne Schachtel verbiegen, wenn du sie an einen dunklen Ort stellst, auf den nur aus einer Richtung Licht fällt? Statt einer Bohne kannst du auch eine Kartoffelpflanze verwenden. Dazu brauchst du dann sogar weder Kompost noch Wasser.

Die Pflanze besteht den Test: Sie bahnt sich im Zickzack ihren Weg durch den Karton, immer zum Licht hin.

So sieht das Experiment lange Zeit aus. Du musst etwas Geduld haben.

9 Verschließe die Schachtel fest mit Klebeband. Stell sie an einen sicheren, hellen Ort, an dem sie nicht umfallen kann und viel Licht erhält. Öffne sie hin und wieder, damit du die Pflanze gießen kannst.

10 Die Schachtel muss, außer zum Gießen, immer verschlossen bleiben. Erst wenn du den Spross aus dem Loch kommen siehst, darfst du sie wieder öffnen. Es kann 1 oder sogar 2 Wochen dauern, aber das Warten lohnt sich.

SO FUNKTIONIERT'S

Pflanzen stellen mit der Energie aus dem Sonnenlicht selbst Nahrung her. Der Vorgang heißt Fotosynthese. Sie nehmen über die Blätter Sonnenenergie auf und verwandeln das Wasser aus der Erde und das Kohlenstoffdioxid aus der Luft in Glukose. Glukose ist ein Zucker und liefert Brennstoff für die Pflanzen. Daher ist es gar nicht verwunderlich, dass Pflanzen eine Möglichkeit gefunden haben, immer zum Licht hin zu wachsen. Sie verlassen sich dabei auf einen chemischen Stoff, das Auxin. Je mehr Auxine in einem bestimmten Pflanzenteil vorhanden sind, desto schneller wächst dieser Teil. Da das Licht die Auxine zerstört, gibt es in der Seite des Stängels, die am meisten Licht erhält, die wenigsten Auxine. Die im Schatten liegende Seite enthält dagegen mehr Auxine und wächst schneller. So biegt sich die Pflanze immer zum Licht hin.

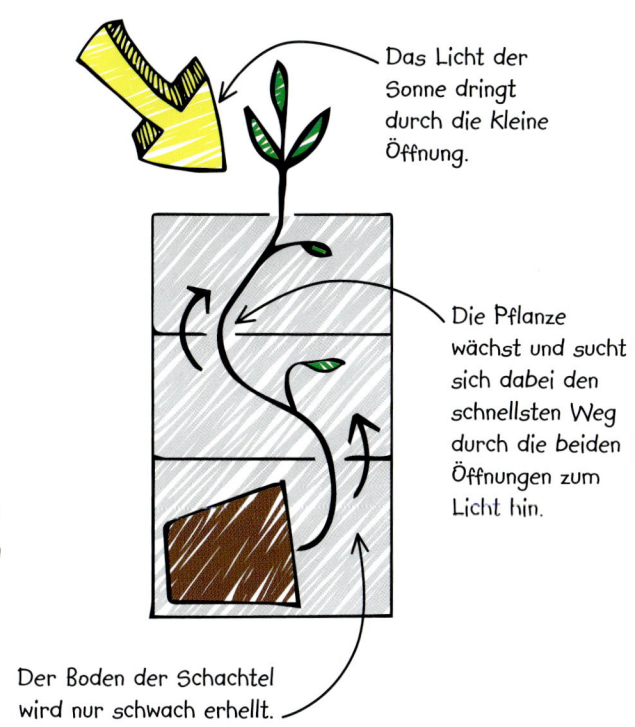

Das Licht der Sonne dringt durch die kleine Öffnung.

Die Pflanze wächst und sucht sich dabei den schnellsten Weg durch die beiden Öffnungen zum Licht hin.

Der Boden der Schachtel wird nur schwach erhellt.

IN DER NATUR
PFLANZENWACHSTUM

Die Blüten junger Sonnenblumen folgen der Sonne jeden Tag von Osten nach Westen. Abends drehen sie sich wieder zurück nach Osten, bereit für den Sonnenaufgang am folgenden Morgen. Sie bewegen sich, weil jeweils unterschiedliche Mengen von Auxinen vorhanden sind. Die Blüten ausgereifter Sonnenblumen folgen der Sonne dagegen nicht mehr. Sie weisen in der Regel immer nach Osten.

FOTOSYNTHESE

Bei Tageslicht stellt ein Baum durch Fotosynthese Glukose her. In der Nacht verbraucht er die Glukose für sein Wachstum.

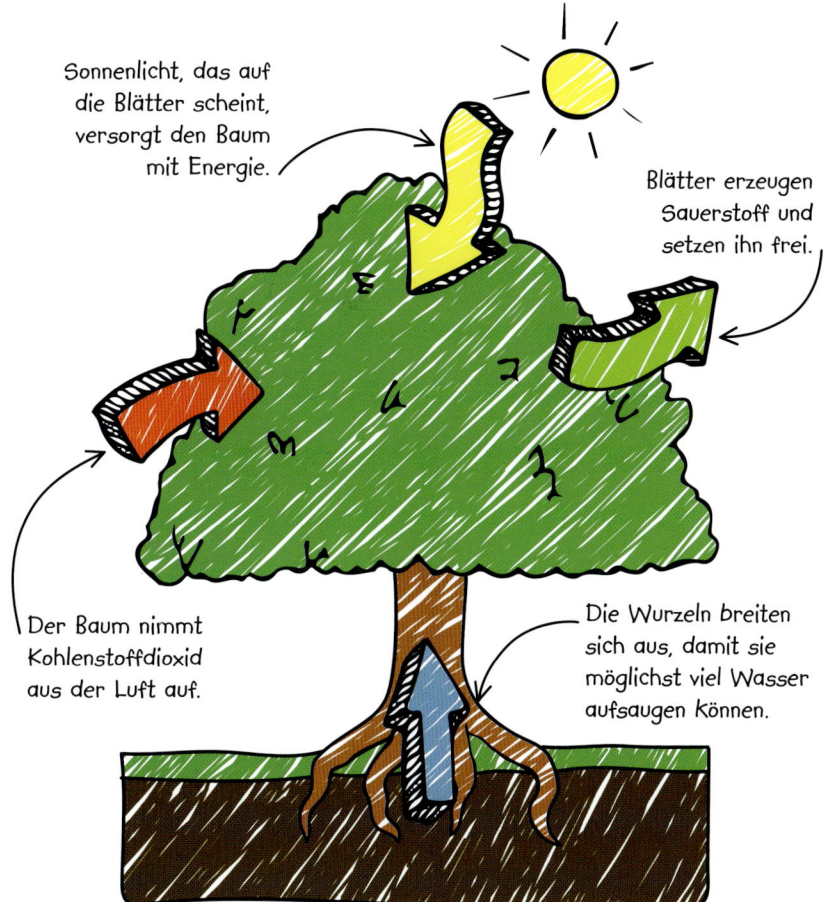

Sonnenlicht, das auf die Blätter scheint, versorgt den Baum mit Energie.

Blätter erzeugen Sauerstoff und setzen ihn frei.

Der Baum nimmt Kohlenstoffdioxid aus der Luft auf.

Die Wurzeln breiten sich aus, damit sie möglichst viel Wasser aufsaugen können.

SONNENDRUCKE

Entdecke den Künstler in dir! Diese Sonnendrucke sind wirklich faszinierend. Du brauchst dazu spezielles, lichtempfindliches Papier, das du in den meisten Bastel-läden oder auch per Internet kaufen kannst. Die besten Ergebnisse erhältst du an hellen, sonnigen Tagen, aber du kannst das Experiment auch bei Wolken durchführen – dann dauert es nur etwas länger. Geeignet sind möglichst flache Gegenstände wie Blätter oder Vogelfedern.

Überlege dir auch die Form des Rahmens – quadratisch, rechteckig oder rund.

Lichtempfindliches Papier reagiert auf Sonnenlicht, sodass diese wunderschöne blaue Farbe entsteht.

KUNST IN BLAU UND WEISS

Du kannst nur blau-weiße Kunstwerke herstellen. Der weiße Bereich in den Drucken ist in Wirklichkeit der Schatten der verwendeten Gegenstände. Die Bilder wirken am eindrucksvollsten, wenn du sie rahmst und an die Wand hängst. Entweder du schneidest selbst einen Rahmen aus Karton zu oder du kaufst einen schönen Holzrahmen für deine Meisterwerke.

Der runde Rahmen aus festem Karton macht den Druck des Farns zu einem echten Kunstwerk.

SO MACHST DU
SONNENDRUCKE

Du brauchst lichtempfindliches Papier, das mit Chemikalien beschichtet ist, die auf Sonnenlicht reagieren. Am besten funktioniert dieses Experiment an sonnigen Tagen im Freien. Da es schnell gehen muss, solltest du die Wanne mit Wasser vorher bereitstellen, damit du das Papier sofort eintauchen kannst, wenn die Belichtungszeit abgelaufen ist. Ein einmal belichtetes Papier kannst du leider nicht erneut verwenden.

Dauer
10 Minuten plus einige Stunden Wartezeit

Schwierigkeitsgrad
Leicht

DU BRAUCHST:

Lichtempfindliches Papier (hier noch verpackt)

Heftzwecken

Federn

Geschirrtuch

Wellpappe

Schweres Buch

Wanne mit Wasser

1 Gehe ins Freie und nimm ein Blatt lichtempfindliches Papier aus der Verpackung. Hefte es auf der Wellpappe fest und ordne die Federn auf dem Papier so schnell wie möglich dekorativ an. Warte einige Minuten, ohne etwas zu verändern.

2 Das Papier wird erst dunkelblau und dann immer heller. Wenn das Blatt hellblau ist, nimmst du die Federn ab und ziehst die Heftzwecken heraus. Dort, wo die Federn das Sonnenlicht vom Papier abhielten, sind nun ihre Schatten sichtbar.

Mit dem Geschirrtuch trocknest du das nasse Papier.

3 Tauche das Papier möglichst schnell in die Wanne mit dem Wasser. Die dunkelblaue Farbe der Federn wird sofort weggespült und die hellblauen Bereiche werden dunkelblau. Lass das Papier ein paar Minuten im Wasser.

4 Lege das Papier zum Trocknen vorsichtig auf ein sauberes Geschirrtuch und klappe es zu. Lege ein schweres Buch darauf. So wird Wasser heraus- und das Papier flach gedrückt. Lass das Papier mindestens ein paar Stunden so liegen.

5 Falte das Geschirrtuch auseinander und sieh nach, ob das Papier trocken ist. Wenn ja, ist der Sonnendruck fertig. Das Papier hat erneut eine andere Farbe angenommen. Das Blau ist viel dunkler geworden und bildet einen sehr guten Kontrast zu den weißen Federn.

Ultraviolettes Licht von der Sonne lässt diesen intensiven Blauton entstehen.

Es ist erstaunlich, wie sogar die kleinsten Details abgedruckt werden.

NOCH EINE IDEE

Stell die wunderschönen Sonnendrucke in schönen Rahmen aus, sodass deine Familie und deine Freunde sie bewundern können. Du brauchst dazu nur ein Lineal, einen Stift, einen Karton sowie Klebstoff und Schere.

1 Zeichne mit Lineal und dünnem Stift ein Rechteck auf einen festen Karton. Das Rechteck muss etwas kleiner sein als das Papier mit dem Sonnendruck. Schneide es sorgfältig aus.

2 Verteile eine großzügige Menge Klebstoff auf der Rückseite des Rahmens und klebe das Papier des Sonnendrucks darauf. Achte darauf, dass der Druck richtig herum liegt.

SO FUNKTIONIERT'S

Lichtempfindliches Papier ist mit chemischen Stoffen beschichtet, die miteinander reagieren, wenn sie ultraviolettem Licht ausgesetzt werden. Bei dieser Reaktion entsteht eine dunkelblaue Verbindung, das sogenannte Preußisch Blau. An Stellen, die das Sonnenlicht nicht erreicht, bleiben die ursprünglichen Chemikalien erhalten. Diese werden abgespült, wenn das Papier in Wasser getaucht wird. Das Preußisch Blau bleibt dagegen erhalten.

IM MUSEUM
EMPFINDLICHE FLAGGE

Ultraviolettes Licht schädigt viele Materialien, wenn sie zu lange im Sonnenlicht liegen. Bedeutende Gegenstände in Museen, wie diese 200 Jahre alte amerikanische Flagge, werden daher oft an dunklen Orten aufbewahrt.

VULKANAUSBRUCH

Vulkane sind riesige kegelförmige Berge, die sich im Lauf von Tausenden oder gar Millionen Jahren gebildet haben. Sie brechen immer wieder aus und speien heißes, geschmolzenes Gestein (Lava) aus ihrem Krater an der Spitze des Kegels. Du kannst eine dramatische Landschaft mit deinem eigenen Vulkan bauen. Du brauchst dazu nur eine Plastikflasche für den Krater und Papiermaschee für den Kegel. Das „geschmolzene Gestein" ist zwar nicht so heiß wie echte Lava, dafür aber auch weniger gefährlich. Mit ganz einfachen Zutaten lässt sich in einer chemischen Reaktion die schaumige Flüssigkeit herstellen. Tritt bitte ein Stück zurück, bevor der Vulkan ausbricht!

Die Lava, die durch die chemische Reaktion entsteht, rast den Hang des Vulkans hinunter.

Die Umgebung eines echten Vulkans wird von geschmolzener Lava überflutet.

LAVAFLUSS

Vulkane bilden sich dort, wo geschmolzenes unterirdisches Gestein, das Magma, an die Oberfläche dringt. Magma, das aus der Erde austritt, wird Lava genannt. Kleine Gasblasen lassen die Lava schaumig erscheinen, genau wie in diesem Experiment. Die Kegel von Vulkanen bestehen aus erstarrter Lava. Sie werden bei jedem Ausbruch größer und höher.

Lavabläschen entstehen bei einer chemischen Reaktion im Inneren des Vulkans.

Der Kegel deines Vulkans besteht aus Papiermaschee.

SO ERZEUGST DU EINEN

VULKANAUSBRUCH

Da dieses Experiment ziemlich viel Dreck macht, solltest du, wenn möglich, ins Freie gehen. Der Vulkan wird aus Papiermaschee geformt. Dazu musst du Zeitungspapier in eine flüssige Paste tauchen. Für den spektakulären Ausbruch sorgen zwei ganz normale Zutaten: Essig und Natron. Wenn du den Vulkan nach der Eruption mit Küchentüchern trocknest, kannst du ihn immer wieder ausbrechen lassen.

Dauer
90 Minuten plus
Zeit zum Trocknen

Schwierigkeitsgrad
Mittel

DU BRAUCHST:

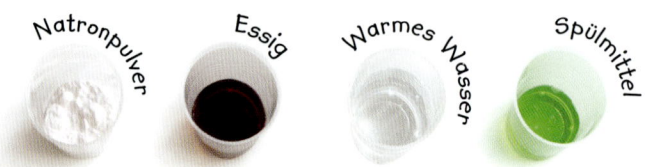

Natronpulver   Essig   Warmes Wasser   Spülmittel

400 g Mehl   Schüssel mit Wasser

Großen Karton

Zeitung

Kleine Plastikflasche

Pinsel

Paketklebeband

Löffel

Farben

Schere

Rote oder braune
Lebensmittelfarbe

1 Schneide das Oberteil der Flasche gerade ab, damit du später die Zutaten gut einfüllen kannst und damit sie beim Ausbruch leicht wieder herauskommen können. Die Flasche bildet die Mitte des Vulkans und die Öffnung ist der Krater.

2 Klebe die Flasche mit mehreren Streifen Paketklebeband in der Mitte des großen Kartons fest. Jetzt kannst du rund um die Flasche den Vulkankegel formen.

Ziehe das Klebe-
band straff,
damit die Kugeln
fest sitzen.

3 Reiße Zeitungspapier in große Stücke und knülle sie zusammen. Ordne die Papierkugeln rund um die Flasche an. Der Stapel muss sich nach oben verjüngen, er muss also unten breiter sein als oben. Klebe die Kugeln am Karton und an der Flasche fest.

4 Jetzt kannst du aus Papiermaschee den Vulkankegel formen. Reiße zuerst Zeitungspapier in mindestens 50 Streifen, die 2–3 cm breit sind. Sie werden später in eine wässrige Klebelösung getaucht, die du in Schritt 5 herstellst.

Füge nach und
nach kleine
Mengen Mehl
hinzu.

Lege die Streifen
so übereinander,
dass die ge-
wünschte Form
entsteht.

5 Für den Kleber musst du Mehl in die Wasserschüssel geben und mit einem Löffel verrühren. Füge nach und nach so viel Mehl hinzu, dass eine Paste entsteht, die etwa so flüssig ist wie Pfannkuchenteig. Vielleicht brauchst du dafür nicht einmal ganz die hier angegebene Menge Mehl.

6 Tauche die Papierstreifen in die Paste, bis sie sich vollgesogen haben. Lass sie dann durch die Finger gleiten, damit keine überschüssige Paste mehr daran klebt. Lege sie über den Kegel und streiche sie von der Flaschenöffnung bis zum Karton glatt.

7 Der Vulkankegel ist nun fertig. Das Papiermaschee muss noch trocknen und hart werden. Erst dann kann die nächste Phase beginnen. Lass ihn über Nacht an einem warmen Ort stehen.

Sobald das
Papiermaschee
trocken ist, kannst
du den Vulkan
bemalen.

Echte Vulkan-
kegel bestehen
aus alter Lava,
die abgekühlt
und ausgehärtet
ist.

An einem warmen Ort wird die Farbe rasch trocken.

8 Male den Kegel dunkelbraun an, aber lass ganz unten einen Streifen frei. Wenn du keine braune Farbe hast, vermische einfach Rot, Grün und Blau. Wenn du etwas Sand hast, kannst du die Oberfläche auch ein wenig rau gestalten.

9 Male den unteren Streifen und den Karton in verschiedenen Grünschattierungen an. Sie deuten Gras oder Dschungel an. Den oberen Kegelrand kannst du rot malen, wenn es dir gefällt, denn dann sieht es aus, als fließe glühende Lava heraus.

10 Jetzt wird es wirklich schmutzig! Schütte die unten gezeigten Zutaten nacheinander in die Öffnung des Vulkans und vermische sie alle mit einem Löffel.

11 Wenn du eine Kamera hast, filme das, was jetzt folgt, denn dein Vulkan steht kurz vor dem Ausbruch! Gib 2 oder 3 Teelöffel Natron in den Vulkankegel und warte ein paar Sekunden.

Schütte etwa 40 ml Spülmittel hinein.

Schütte etwa 40 ml warmes Wasser hinein.

Die Mischung blubbert aus der Kegelöffnung.

Eine schaumige Flüssigkeit läuft den Abhang hinunter wie echte Lava beim Vulkanausbruch.

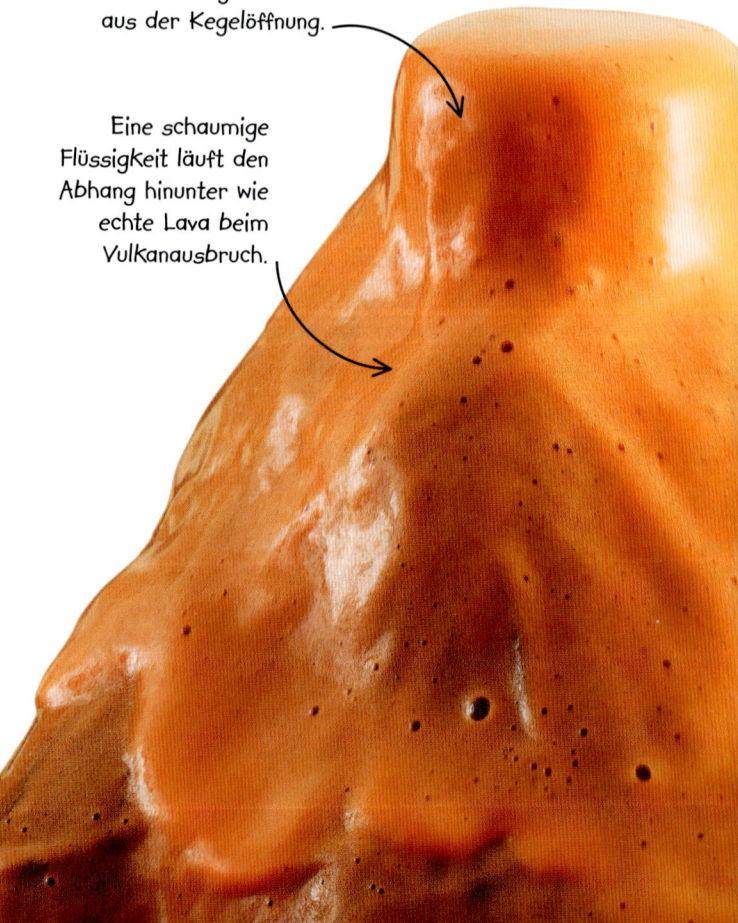

Schütte etwa 50 ml Essig hinein.

Nun folgen noch ein paar Tropfen Lebensmittelfarbe.

NOCH EINE IDEE

Anstelle von Papiermaschee und Karton könntest du den Vulkan auch aus Schlamm auf einem Holzbrett formen. In dieser Version lässt du einfach oben im Schlammkegel ein Loch frei und drückst einen Plastikbecher hinein. Er bildet den Krater, in dem du später die Lava mischst. Wenn du mehr Essig und Natron verwendest, dann verrühre die Zutaten in einer sehr großen Tasse und sorge so für eine gigantische Eruption. Du kannst auch ausprobieren, was passiert, wenn du Cola statt Natron verwendest. Cola enthält Phosphorsäure.

Wenn die Lava langsamer fließt, schütte mehr Natron und Essig in den Kegel, dann geht es wieder weiter.

Mit roter Lebensmittelfarbe sieht die schäumende Mischung aus wie echte Lava.

Die Lava lässt sich nach der Eruption leicht wegwischen.

SO FUNKTIONIERT'S

Wird Natron (eine Base) mit Essig (der Essigsäure enthält) vermischt, läuft eine schnelle chemische Reaktion ab, bei der sehr viel Kohlenstoffdioxidgas entsteht. Winzige Bläschen werden im Spülmittel eingeschlossen, das auch in der Mischung enthalten ist. So entsteht ein Schaum, der mehr Raum einnimmt als die Zutaten der Flüssigkeit, sodass alles aus der Öffnung quillt und den Abhang hinunterströmt. Auch in echter Lava sind zahlreiche winzige Kohlenstoffdioxidbläschen vorhanden. Wenn sie abkühlt und erstarrt, bleiben die Bläschen im Inneren gefangen.

IN DER NATUR
DER VULKAN TUNGURAHUA

Dein Vulkan hat die Form eines Schichtvulkans. Der Tungurahua (hier im Bild) ist ein aktiver Schichtvulkan in Ecuador (Südamerika). Bei jedem Ausbruch fließt Lava den Hang hinunter und bildet beim Erstarren eine weitere Gesteinsschicht auf dem stetig wachsenden Kegel.

IM INNEREN EINES VULKANS

Es gibt verschiedene Arten von Vulkanen, aber bei allen liegt tief im Inneren ein riesiger See aus geschmolzenem Gestein. Dies ist die Magmakammer. Wenn der unterirdische Druck steigt, wird das Magma in einem Kanal in der Mitte des Kegels nach oben geschoben und fließt als Lava aus dem Krater.

Der Kegel besteht aus erkalteten Lavaschichten.

Solange der Vulkan nicht ausbricht, bleibt das Magma in der Kammer.

Ein Vulkan speit neben Lava auch riesige Mengen an Rauch und Asche.

Lava dringt aus dem Krater und läuft den Abhang des Kegels hinunter.

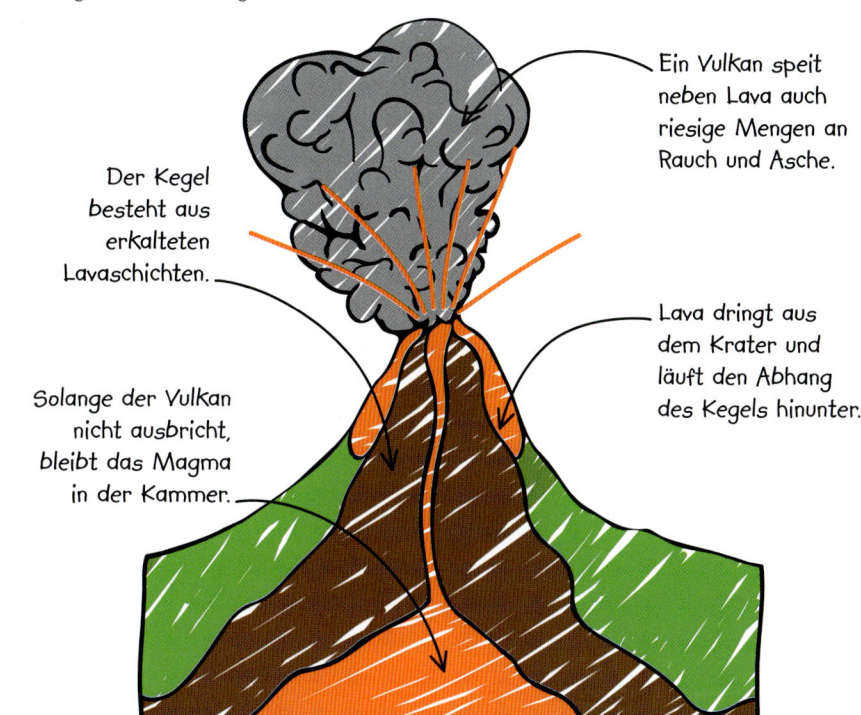

WINDRAD

Finde heraus, wie du den Wind enträtselst! Der einzige Unterschied zwischen einem wütenden Sturm und einer lauen Brise ist die Geschwindigkeit, mit der sich die Luft bewegt. Meteorologen, das sind die Wissenschaftler, die das Wetter erforschen, messen die Windgeschwindigkeit mit einem sogenannten Anemometer. Ein solches Gerät kannst du ganz leicht selbst bauen. Dann kannst du deiner Familie oder deiner Klasse in der Schule Wetterberichte liefern. Es gibt verschiedene Anemometer, aber die meisten haben mehrere Becher oder Schalen, die den Wind einfangen, ebenso wie das Modell, das hier abgebildet ist.

Der Wind wird von den Bechern eingefangen und dreht das Anemometer.

DEN WIND MESSEN

Dein Anemometer hier ist wie ein Robinson-Anemometer aufgebaut. Ein echtes Robinson-Anemometer hat halbkugelförmige Schalen, die es drehen, wenn der Wind weht. An Wetterstationen misst ein Sensor die Rotationsgeschwindigkeit automatisch. Bei deinem Anemometer aus Papier-bechern musst du die Umdrehungen selbst zählen.

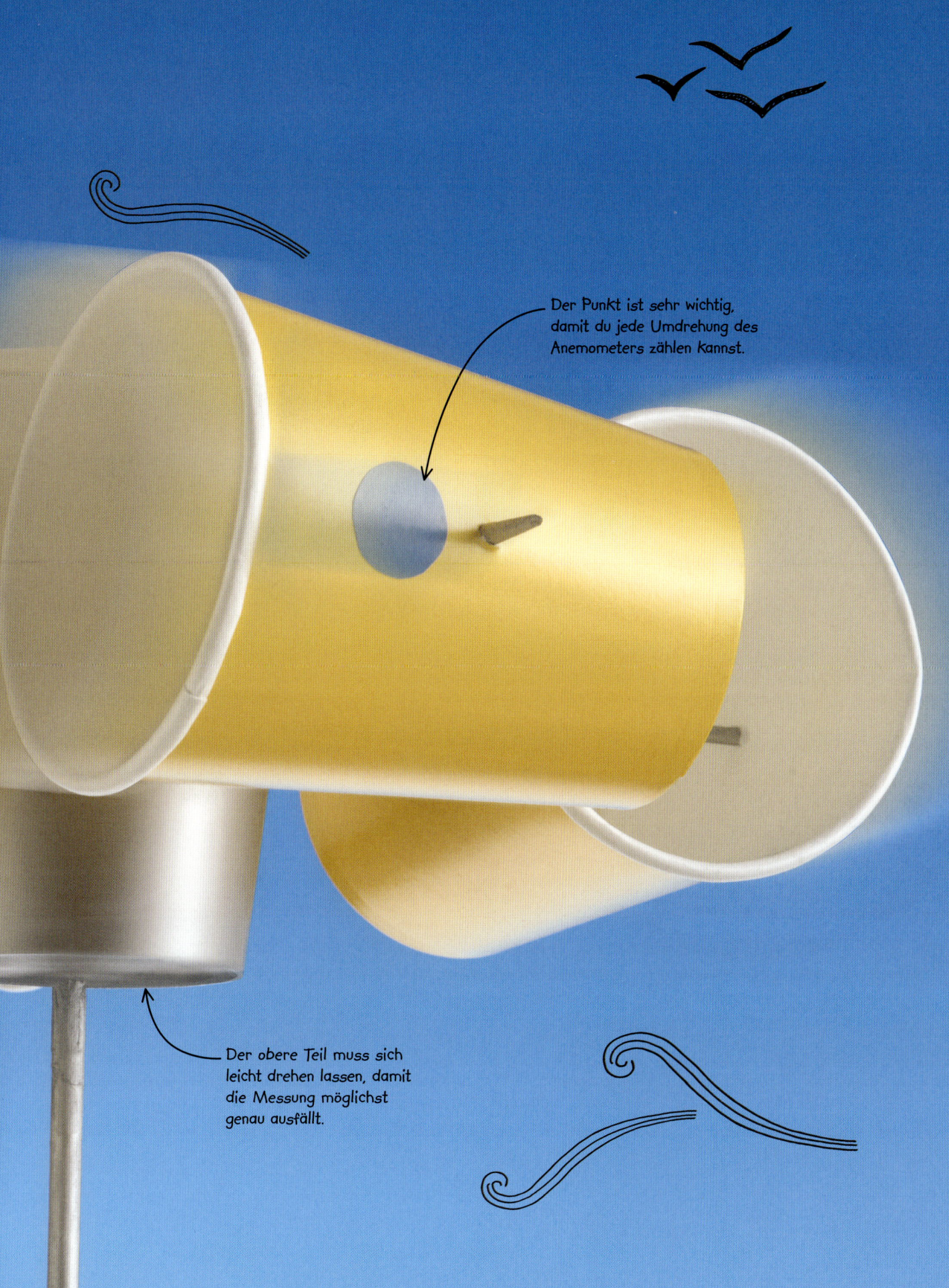

Der Punkt ist sehr wichtig, damit du jede Umdrehung des Anemometers zählen kannst.

Der obere Teil muss sich leicht drehen lassen, damit die Messung möglichst genau ausfällt.

SO BAUST DU EIN
WINDRAD

Ein Anemometer darf auf keinen Fall wackeln. Du musst es entweder an einem Tisch oder auf einer Mauer befestigen oder es in der Hand halten. Suche für das Experiment einen Ort, den der Wind gut erreichen kann – windgeschützte Orte eignen sich nicht. Wenn du auf den markierten Becher achtest, kannst du zählen, wie oft sich das Rad pro Minute dreht. Notiere die Zahl der Umdrehungen an verschiedenen Tagen und Orten.

Dauer
20 Minuten

Schwierigkeitsgrad
Mittel

DU BRAUCHST:

6 Pappbecher

Holzspieße

Strohhalm

Klebemasse

Schere

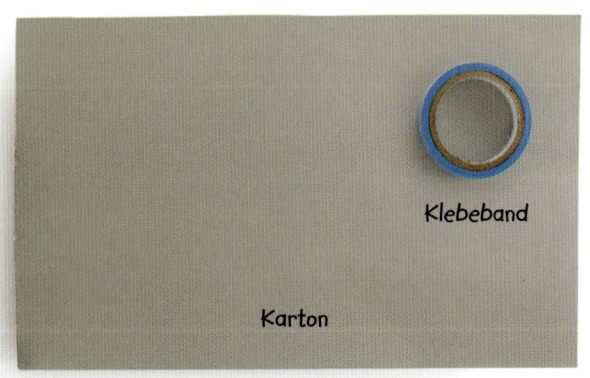

Klebeband

Karton

1 Schneide den Strohhalm so zu, dass er etwa 10 cm lang ist. Wenn er gebogen ist, schneide das gebogene Stück ab. Spalte dann das eine Ende des Strohhalms mithilfe der Schere in vier Teile, die etwa 2 cm lang sein sollten.

2 Klappe die vier Teile um und klebe sie mit einigen kleinen Klumpen Klebemasse am Boden eines umgedrehten Papierbechers fest. Richte den Strohhalm gerade auf. Im fertigen Windrad steht der Becher dann aufrecht.

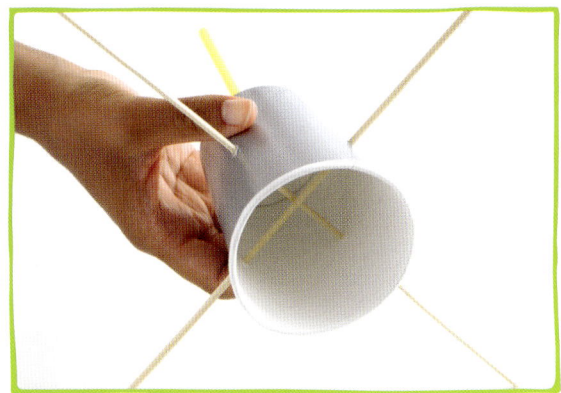

Drehe die 4 Becher so, dass sie alle in dieselbe Richtung weisen.

3 Schiebe einen Holzspieß mitten durch den Becher mit dem angeklebten Strohhalm. Stich dir dabei nicht in die Finger! Schiebe dann einen zweiten Spieß im rechten Winkel zum ersten Spieß ebenfalls mitten durch den Becher.

4 Bohre mit dem dritten Holzspieß Löcher durch die Mitte von 4 weiteren Bechern und stecke diese dann auf die vier Enden der beiden Holzspieße, die aus dem mittleren Becher ragen.

Die Spitzen der Holzspieße solltest du abschneiden, damit du dir nicht wehtun kannst.

6 Schiebe den Strohhalm über den Holzspieß. Wenn die Becher des Windrades nicht waagrecht liegen, musst du sie fester ankleben. Klebe nun einem farbigen Punkt aus Klebeband auf einen Becher. So kannst du jede Umdrehung des Anemometers genau zählen. Gehe jetzt ins Freie und teste dein Gerät.

Klebe einen Punkt auf einen Becher.

5 Schneide einen Kreis aus dem Karton und drücke einen Klumpen Klebemasse darauf fest. Schiebe den Holzspieß durch den letzten Becher und drücke Spieß und Becherrand fest in die Klebemasse.

SO FUNKTIONIERT'S

Wenn der Wind weht, schiebt er einen der Becher von vorn und den Boden des gegenüberliegenden Bechers von hinten an. An dem Becher, dessen Öffnung zum Wind weist, wirkt eine größere Kraft, daher dreht sich das Anemometer. Dabei dreht sich das andere Becherpaar zum Wind, sodass das Rad immer weitergeschoben wird. Je schneller der Wind weht, desto öfter pro Minute dreht sich das Windrad.

IN DER ENERGIEGEWINNUNG
WINDTURBINE

Wind ist oft sehr stark. Er kann so viel Energie haben, dass er riesige Windturbinen bewegt. Diese treiben dann Elektrogeneratoren an, sodass die Energie in Elektrizität umgewandelt wird, die Geräte in Haushalten, Schulen, Büros und Fabriken antreibt. Wenn sich die Windgeschwindigkeit verdoppelt, vergrößert sich die Energie nicht nur um das Doppelte, sondern sogar um das Achtfache!

GLOSSAR

ABSTOSSUNG
Eine Kraft, die Dinge in entgegengesetzte Richtungen treibt.

ANZIEHUNGSKRAFT
Eine Kraft, die bewirkt, dass sich zwei Dinge zueinander bewegen.

ATOM
Der kleinste Teil eines Elements.

BAKTERIEN
Mikroskopisch kleine, einzellige Lebewesen, die manchmal Krankheiten verursachen, aber meistens harmlos sind.

BASE
Ein Stoff, der mit einer Säure reagiert. Dabei entstehen Wasser und ein Salz.

BINDUNG
Eine Kraft, die Teilchen wie Atome und Moleküle zusammenhält.

CHEMISCHER STOFF
Eine Verbindung oder ein Element, das sich ändern kann, wenn es mit einem anderen Stoff kombiniert wird. Er kann flüssig, fest oder gasförmig sein.

DAMPF
Gase, die bei Druck oder Abkühlung zu Flüssigkeiten werden.

DICHTE
Ein Maß für die Masse in einem bestimmten Volumen.

DNA
Die Abkürzung für „Desoxyribonukleinsäure". Die Verbindung ist in allen Zellen von Lebewesen vorhanden. Die DNA umfasst alle Gene – das sind codierte Anweisungen, die das Aussehen und die Funktion der Menschen, Tiere und Pflanzen festlegen.

DRUCK
Eine Kraft, die vor allem durch Gase und Flüssigkeiten auf eine Oberfläche ausgeübt wird.

ELEKTRON
Ein winziges, negativ geladenes Teilchen in Atomen.

ELEKTROSTROM
Bewegung elektrischer Ladung.

ELEMENT
Ein Stoff, der aus nur einer Art von Atomen besteht und sich durch chemische Reaktionen nicht mehr teilen lässt.

ENERGIE
Die Fähigkeit, Arbeit zu leisten. Es gibt mehrere Arten, z. B. elektrische oder Bewegungsenergie.

FILTRATION
Die Trennung fester und flüssiger Stoffe mithilfe eines Filters.

FOSSILIEN
Überreste eines vor langer Zeit gestorbenen Lebewesens, die in Gestein erhalten worden sind.

FOTOSYNTHESE
Der Vorgang, durch den grüne Pflanzen mit Sonnenenergie aus Kohlenstoffdioxid und Wasser ihre Nahrung erzeugen.

FOTOTROPISMUS
Der Vorgang, bei dem Pflanzen zum Sonnenlicht wachsen.

GEMENGE/GEMISCH
Stoffe, die aus zwei Elementen oder Verbindungen bestehen.

GEN
Ein Teil der DNA in lebenden Zellen. Gene bestimmen alle Merkmale eines Lebewesens, z. B. dass ein Mensch groß und braunäugig wird.

GENOM
Die gesamten Informationen auf allen Genen eines Lebewesens. Das menschliche Genom umfasst rund 20 000 Gene.

GLUKOSE
Pflanzen stellen diese Verbindung bei der Fotosynthese her. Glukose ist ein Zucker und liefert Energie.

HELIX
Eine Spirale in Wendeltreppenform. Die DNA-Moleküle sind in einer Doppelhelix angeordnet.

ION
Ein Atom, das Elektronen aufgenommen oder abgegeben hat und so negativ oder positiv geladen ist.

ISOLATOR
Ein Stoff, der Elektrizität oder Wärme nicht gut weiterleitet.

KOHLENSTOFFDIOXID
Eine Verbindung, die als Gas in der Luft vorkommt. Wir atmen Kohlenstoffdioxid als Abfallprodukt aus.

KOMPRIMIERUNG
Eine Art Druck, wie er z. B. auf tragenden Teilen von Gebäuden lastet.

KRISTALL
Ein Festkörper, in dem die Atome oder Moleküle regelmäßig angeordnet sind.

LED
Abkürzung für „Light-Emitting Diode". LEDs sind elektronische Bauteile, die aufleuchten, wenn sie von Strom durchflossen werden.

LEITER
Ein Stoff, der Elektrizität oder Wärme gut weiterleitet.

LÖSUNG
Eine Mischung von zwei chemischen Stoffen. Meist ist ein Feststoff in einer Flüssigkeit gelöst.

LUFTWIDERSTAND
Eine Kraft, die auf einen durch die Luft fliegenden Gegenstand einwirkt. Sie ist der Bewegungsrichtung entgegengerichtet.

MASSE

Die Menge an Materie eines Stoffs.

MATERIE

Die Bezeichnung für alle Stoffe, die es im Universum gibt.

MIKROORGANISMUS

Alle Lebewesen wie Bakterien, die nur unter dem Mikroskop sichtbar werden.

MINERAL

Ein natürlicher, meist unterirdisch vorkommender Stoff. Es gibt Hunderte verschiedener Arten. Gestein besteht aus Mineralen.

MOLEKÜL

Es besteht aus mindestens zwei aneinandergebundenen Atomen.

NEUTRON

Ungeladene Teilchen im Atom.

NICHT-NEWTON'SCHE FLÜSSIGKEIT

Eine Flüssigkeit, deren Form und Verhalten sich verändern, wenn Kräfte auf sie wirken.

OBERFLÄCHEN-SPANNUNG

Eine Kraft, die Teilchen an der Oberfläche von Flüssigkeiten zusammenhält. Sie entsteht durch die Anziehungskraft zwischen Atomen oder Molekülen.

PROTEIN

Bestimmte Verbindungen, die viele lebenswichtige Funktionen ausführen. Haut und Haare bestehen aus Proteinen.

PROTON

Ein winziges, positiv geladenes Teilchen in Atomen.

SAUERSTOFF

Ein Gas in unserer Atemluft, das die meisten Lebewesen auf Erden zum Leben brauchen.

SÄURE

Ein Stoff, der, in Wasser gelöst, positiv geladene Wasserstoff-ionen erzeugt. Zitronensaft und Essig sind z. B. Säuren.

SCHWERKRAFT

Eine Anziehungskraft zwischen zwei Dingen. Die Schwerkraft der Erde hält uns am Boden fest.

SPANNUNG

1. Ein Maß für die Kraft, mit der Elektronen durch einen Stromkreis geschoben werden.
2. Eine ziehende Kraft, z. B. an den Stahlkabeln von Brücken.

STALAKTIT

Ein Tropfstein aus den Mineral-rückständen von fallendem Wasser, der von der Decke einer Höhle hängt und meist wie ein großer Eiszapfen geformt ist.

STATISCHE ELEKTRIZITÄT

Die elektrische Ladung eines Gegenstands, der Elektronen aufnimmt oder abgibt.

STROMKREIS

Ein lückenloser Weg, durch den ein elektrischer Strom fließt.

STROMLINIENFORM

Eine Form, die dem Luft- oder Wasserstrom sehr wenig Widerstand entgegensetzt.

TRANSPIRATION

Die Bewegung von Wasser durch den Stamm und die Blätter sowie die Verdunstung des Wassers durch winzige Blattlöcher.

ULTRAVIOLETTE (UV-) STRAHLUNG

Eine Wellenlänge des Lichts (elektromagnetische Strahlung), die für Menschen unsichtbar ist.

UMLAUFBAHN

Die Bahn eines Planeten, Kometen oder Planetoiden um die Sonne oder die Bahn von Monden um Planeten. Die Schwerkraft hält die Körper auf ihren Bahnen.

VERBINDUNG

Ein chemischer Stoff aus min-destens zwei Elementen. Wasser ist eine Verbindung aus Wasser- und Sauerstoff.

VERDAMPFUNG

Der Vorgang, bei dem eine Flüssigkeit gasförmig wird, meist verursacht durch Erwärmung.

VIRUS

Ein mikroskopisches Teilchen, das kleiner als eine Zelle ist und nicht lebt. Viren dringen in Zellen ein und verursachen Krankheiten.

VISKOSITÄT

Der Widerstand einer Flüssig-keit gegen eine Formänderung. Zähflüssige Substanzen wie Honig haben hohe Viskosität.

VOLUMEN

Ein Maß dafür, wie viel Raum ein Gegenstand einnimmt oder umschließt.

ZELLE

1. Der kleinste lebendige Teil eines Lebewesens. Pflanzen und Tiere bestehen aus Billionen von Zellen.
2. Eine chemische Vorrichtung als Teil von elektrischen Batterien.

ZELLULOSE

Verbindung, die die harten Fasern der Zellwände in Pflanzenzellen bildet.

ZUCKER

Ein Lebensmittel aus vielen süß schmeckenden Verbindungen, wie z. B. Glukose.

REGISTER

A

Aerodynamik 44–51
Albumin 23
Anemometer 154–157
Atmung 86–91
Atom 37, 158
Auxine 143

B

Baiser 18–23
Batterie 34–37
Bewegungsenergie 99, 158
Blitz 85
Bronchien 86, 89, 91
Brücke 74–79

D

Dichte 94–97, 158
Dinosaurierabdrücke 137
DNA 40–43, 158
Dreieck 74, 78, 79
Druck 13, 159
Düsenmotor 73

E

Eiskugel 124–127
Eiweiß 23
Elektrizität
  Batterie 34–37
  Spannung 35, 159
  statische Elektrizität
    80–85, 159
  Wasserkraft 103
Elektron 37, 85, 158

Energie
  Bewegung 99, 103, 158
  Kinetische 99, 158
  potenzielle (gespeicherte) 99, 103
  Sonnenenergie 143

F

Filter 108–113
Fossilien 134–137, 158
Fotosynthese 143, 159
Fototropismus 140, 159
Frost, Reif 33
Fußabdruck 137

G

Gen 43, 158
Genom 43, 158
Glukose 17, 143

H

Hängegleiter 51
Helix 43, 158
Holzkohle 113, 132
Honig 96, 97

I

Iglu 23
Ion 117, 127, 158
Isolator 18, 23, 158

K

Kaleidoskop 62–65
Karamellisierung 17
Klang 55

Kohlenstoffdioxid 87, 119, 123, 143, 153, 158
Komprimieren 79, 158
Kräfte 51, 103
Kristalle 28–33, 114, 117, 127, 158

L

Lageenergie 99, 103
Lautsprecher 52–55
Lava 148–149, 153
LifeStraw 113
Luft 23, 27, 44, 45, 51, 66, 67, 73
Luftblasen 107, 123, 153
Luftröhre 89, 91
Luftwiderstand 73, 158
Lunge 86–91

M

Magma 149, 153
Mikrowellen 26
Milch 96, 97
Moleküle
  Albumin 23
  DNA 43
  Öl 97
  Stärke 13
  Wasser 13, 33, 97, 107
  Zellulose 17
  Zucker 33

N

Natron 118, 123, 152, 153
Neutralisationsreaktion 122

Nicht-Newton'sche
  Flüssigkeit 13, 159

O

Oberflächenspannung
  107, 159
Ökosystem 130, 133
Öl 97
Ölteppich 97

P

Papier 17
  Flieger 44–51
  lichtempfindlich 147
Pflanze 130–133, 138–143
Planeten 56–61
Preußisch Blau 147
Prisma 64, 65
Protein 43, 159
Proton 85, 159

RS

Regenwald, tropischer 133
Salz 127
Schleim 10–13
Schmelzpunkt 127
Schokolade 27
Schwerkraft 51, 61, 81
Sonne 56, 61, 143
Sonnendruck 144–147
Sonnensystem 58–61
Spannung 35, 79, 159
Stabwerk 74
Stalaktit 114–117, 159
Stärke 13

TU

Tenside 97
Transpiration 133, 159
Treibsand 13
Trilobit 137
Turbine 103
  Wind 157
Ultraviolett 147, 159
Unsichtbare Tinte 14–17

V

Viskosität 12, 13, 159
Vitamintablette 123
Vulkan 148–153

W–Z

Wasser 93–127
  Dichte 97
  Filter 108–113
  Molekül 13, 97, 107, 127
  Oberflächenspannung
    107, 159
  Transpiration 133, 159
  Wasserrad 98–103
Weinstein 118, 123
Wind 154, 157
Windturbine 157
Zelle
  Batterie, 35, 158
  Körper 40, 158
Zellulose 17, 158
Zitronensaft 14–17
Zuckerkristall 28–33
Zwerchfell 86, 91

DANK UND BILDNACHWEIS

Der DK Verlag dankt den folgenden Personen und Institutionen für ihre Unterstützung bei der Entstehung dieses Buchs: Nandkishor Acharya, Rajesh Singh Adhikari, Shahid Mahmood, Mary Sandberg und Sachin Singh für Unterstützung beim Design, Steve Crozier und Phil Fitzgerald für die Retusche, Niki Dirnberger für Redaktionsassistenz, Sean Ross für Illustrationen und das Testen der Experimente, Edwood Burn für Unterstützung bei der Illustration, Jackie Brind für das Register, den Handmodels Laura Gardner, Tessa Jordens, Max Moore, Priscilla Nelson-Cole und Abi Wright, Lorna Rhodes, Hauswirtschaftsexpertin, für ihre Hilfe beim gebackenen Eis sowie Dan Gardner für Unterstützung bei den Tests.

Der DK Verlag dankt folgenden Personen und Organisationen für die freundliche Genehmigung zum Abdruck von Fotos:

(Abkürzungen: o=oben, u=unten, m=Mitte, g=ganz, l=links, r=rechts)

13 Alamy Images: Simon Perkin (ur). 23 Getty Images: ra-photos / E+ (ul). 27 Getty Images: Imstepf Studios Llc / DigitalVision (um). 33 Corbis: Ashley Cooper / Terra (ur). 43 Getty Images: Andrew Brookes (ur). 49 Dreamstime.com: Bob Phillips - Digital69 (ur). 55 Dreamstime.com: Katja Nykanen - Catyamaria (ur). 73 Getty Images: CT757fan / E+ (rum). 77 Alamy Images: Travelscape Images (rum). 91 Dreamstime.com: Monthian Ritchan-ad - Thailoei92 (um). 97 Getty Images: Doug Armand / Photographer's Choice (rum). 103 Getty Images: LatitudeStock - Emma Durnford / Gallo Images (rum). 107 Dreamstime.com: Ivangelos (um). 113 Getty Images: Geraldo Caso / AFP (lum). 123 Science Photo Library: Martyn F. Chillmaid (um). 127 Dreamstime.com: Buurserstraat386 (um). 133 Alamy Images: Mint Images - Frans Lanting (rum). 137 Getty Images: National Geographic Magazines (rum). 143 Dreamstime.com: Lyudmila6304 (lum). 147 Press Association Images: Pablo Martinez Monsivais / AP (um). 153 Getty Images: Sebastián Crespo Photography (om). 157 Alamy Images: Ryan McGinnis (um).

Alle anderen Abbildungen © Dorling Kindersley
Weitere Informationen unter www.dkimages.com